全国城市管理系列培训教材

城市管理行政执法典型案例

住房和城乡建设部城市管理监督局
全国市长研修学院（住房和城乡建设部干部学院） 组织编写

中国城市出版社

图书在版编目（CIP）数据

城市管理行政执法典型案例 / 住房和城乡建设部城市管理监督局，全国市长研修学院（住房和城乡建设部干部学院）组织编写. — 北京：中国城市出版社，2024.1
全国城市管理系列培训教材
ISBN 978-7-5074-3680-8

Ⅰ. ①城… Ⅱ. ①住… ②全… Ⅲ. ①城市管理-行政执法-案例-中国-职业培训—教材 Ⅳ. ①D922.1

中国国家版本馆 CIP 数据核字（2024）第 012197 号

责任编辑：李　慧
责任校对：姜小莲

全国城市管理系列培训教材
城市管理行政执法典型案例
住房和城乡建设部城市管理监督局
全国市长研修学院（住房和城乡建设部干部学院）　组织编写

*

中国城市出版社出版、发行（北京海淀三里河路9号）
各地新华书店、建筑书店经销
北京鸿文瀚海文化传媒有限公司制版
建工社（河北）印刷有限公司印刷

*

开本：787毫米×1092毫米　1/16　印张：6　字数：131千字
2024年4月第一版　　2024年4月第一次印刷
定价：**28.00**元
ISBN 978-7-5074-3680-8
（904682）

版权所有　翻印必究
如有内容及印装质量问题，请联系本社读者服务中心退换
电话：（010）58337283　　QQ：2885381756

（地址：北京海淀三里河路9号中国建筑工业出版社604室　邮政编码：100037）

前　言

《中共中央　国务院关于深入推进城市执法体制改革　改进城市管理工作的指导意见》印发以来，全国各地城管执法部门牢记习近平总书记"城市管理应该像绣花一样精细"的指示精神，全面开展"强基础、转作风、树形象"专项行动，认真实施"721工作法"，队伍建设持续加强，作风明显改善，形象不断提升。

城市管理执法工作面对千家万户，执法水平的高低、办案效果的好坏直接关系百姓对党和政府的满意度，执法办案水平的提升可以让群众有更多的幸福感和获得感。因此如何提高基层执法人员的执法办案水平是一项亟待解决的问题。

为提高全国广大城市管理执法人员的业务素质和执法水平，受住房和城乡建设部城市管理监督局委托，全国市长研修学院（住房和城乡建设部干部学院）组织部分高校学者、相关专家和城市管理执法一线业务骨干等相关人员编写《城市管理行政执法典型案例》培训教材。编写团队历时一年多，从全国各地近300个案例中，挑选了28个典型案例汇编成册，案例均具有较强的针对性、指导性和可操作性。此次案例汇编主要有以下特点：

1. 覆盖领域全面。本次收入的案例主要包括市容环卫、园林绿化、市政公用、建设工程、房地产、违法建设等类别，涵盖了城市管理执法的各个方面。

2. 编制体系严谨。每个案例包括案例要点、案情介绍、案件分析、案件启示、法律条款五个部分。其中，案例要点部分是对案件关键要素的概括，案情介绍部分有助于帮助读者掌握案件的基本事实与处理结果，案件分析部分对案件办理过程中贯彻执行行政执法三项制度，在调查取证中多种执法手段运用，违法主体、违法事实、违法行为损害认定，法律适用以及裁量权行使等方面进行全面深入解析，案件启示部分则注重对违法行为查处中全面收集证据，智能化平台、大数据科技手段运用，部门协调联动和信息资源共享等方面进行详细阐述。

3. 注重案件提炼。所选案件均由案件承办人员撰写，经选送单位法制部门把关、编写团队加工筛选、专家组精心审定，凝聚着办案人员的心血和智慧，体现了城管执法人员良好的法律素养、精湛的业务素质，对违法行为"零容忍"、对案件真相调查的锲而不舍和为人民管理城市的责任感和使命感，案件办理过程逻辑严谨，案件处罚说理清晰，令人信服，对于基层执法人员有很强的指导意义，值得借鉴。法律条款部分列出了与案件有关的法律法规条文，供读者参考适用。

4. 放大示范效应。通过"以案释法"宣传教育引导社会公众。既注重具体违法行为查处，恢复良好城市管理秩序，又注重违法行为查处带来的全民遵法守法意识提升，让城市管理法律法规走入千家万户，让遵法守法成为社会良好风尚。

本教材由主编濮加友和副主编杨建、林尧负责统稿，濮加友、杨建、林尧、王毅、马云、马春莉、崔迪、喻刘颖、王双、谭伟、臧延静、张杰、苏昊、林慧、廖建春、陈建伟、杨怀亚、朱海春、李二虎、石佩等同志参与编写工作，崔迪负责校稿，由住房和城乡建设部城市管理监督局、全国市长研修学院（住房和城乡建设部干部学院）组织相关专家进行讨论评审定稿。成都市城市管理行政执法总队抽调专门人员，为本书编写做了大量基础性工作。北京市城市管理综合行政执法局、上海市城市管理行政执法局、重庆市城市管理局、南京城市管理行政执法总队、淮安市城市管理局等单位也给予多方面支持，在此一并表示感谢。

由于案例作者和编辑水平有限，书中难免存在一些不足之处，欢迎各位读者批评指正，我们将听取建议，加以改进。

目 录

案例 1　擅自设置大型户外广告案 ··· 1

案例 2　不履行市容环卫责任申请强制执行案 ··· 4

案例 3　超越许可范围临时占道案 ··· 7

案例 4　生活垃圾混装混运案 ··· 9

案例 5　随意倾倒、堆放生活垃圾案 ··· 11

案例 6　转运渣土造成路面污染案 ··· 14

案例 7　擅自倾倒建筑垃圾案 ··· 17

案例 8　擅自设立弃置场受纳建筑垃圾案 ··· 20

案例 9　绿化带内停放共享单车案 ··· 24

案例 10　擅自占用小区绿地案 ·· 26

案例 11　擅自砍伐园林绿地树木案 ··· 29

案例 12　损毁花坛案 ·· 31

案例 13　损毁绿地案 ·· 35

案例 14　擅自挖掘城市道路案 ·· 38

案例 15　施工单位未在城市道路施工现场设置明显标志案 ···················· 41

案例 16　履带车违规上路案 ··· 44

案例 17　违法分包案 ·· 47

案例 18　以欺骗手段取得建筑业企业资质案 ··· 50

案例 19　建设工程项目违规设计、审图案 ··· 53

案例 20　多家建设、施工单位不落实安全生产责任致使施工驻地板房坍塌案 ········ 57

案例 21　擅自处分物业共用部位案 ··· 62

案例 22　为禁止交易的房屋提供经纪服务案 ··· 66

案例 23　将没有防水要求的房间改为卫生间案 …………………………………… 69
案例 24　擅自在楼顶建设阳光房案 ……………………………………………… 71
案例 25　无建设工程规划许可证进行建设案 …………………………………… 74
案例 26　擅自将立面装饰改建为房屋案 ………………………………………… 78
案例 27　无建设工程规划许可证进行建设案 …………………………………… 81
案例 28　未按规划许可证建设案 ………………………………………………… 84

案例 1　擅自设置大型户外广告案

一、案例要点

设置大型户外广告除了需要征得广告牌所依附的建筑物、构筑物或附属设施的业主同意之外，还需要符合行政法的相关规定。善用《送达地址确认书》，有利于解决执法文书送达难的问题。

二、案情介绍

2021 年 10 月 8 日，某区城市管理局（以下简称城管局）两名执法人员巡查到银泉路和建国路交叉口时，发现交叉口东北角的商业楼西立面上增设了一块大型广告牌。经现场检查，广告牌长 5.98 米，高 3.8 米，面积 22.72 平方米，且堵塞了二楼消防逃生通道。执法人员向商业楼二楼的某教育机构下达了《调查询问通知书》，要求其负责人携带相关证件及证明材料接受调查处理。

10 月 15 日，该机构负责人杨某接受了调查询问。他表示，广告牌内容确与自己有关，但非本机构设置，公司租用商业楼二楼办公时，商业楼所有权人王某主动提出可以在大楼西立面增设广告牌宣传该机构。杨某提供租房合同和王某亲笔签字的声明予以确认，表示不知道是否办理过户外广告审批手续，并提供了王某的联系方式。

执法人员到户外广告审批部门查询涉案广告是否办理了审批手续。经查，上述广告牌并未办理审批手续。10 月 21 日，当事人王某接受调查，提供了房产证、土地证，证明自己是大楼所有权人，承认是自己设置了涉案广告牌，没有办理审批手续。王某表示，根据《民法典》规定，改建、重建建筑物及其附属设施应当经参与表决专有部分面积四分之三以上的业主且参与表决人数四分之三以上的业主同意，作为商业楼的唯一业主，自己有权在商业楼上搭建附属设施。执法人员如实记录了王某的意见。为方便送达文书，执法人员请王某签署了《送达地址确认书》，王某确认送达地址即银泉路和建国路交叉口东北角商业楼办公室。《送达地址确认书》载明，如送达地址变化，当事人应通知执法机关；如未通知，执法机关向上述地址送达文书即视为送达，王某未勾选电子送达的方式。

10 月 29 日，城管局向王某送达了《限期拆除告知书》。王某随后递交了一份《陈述申辩书》，坚持认为自己作为商业楼唯一所有权人，可以依附商业楼搭建广告设施。城管局复核后认为，虽然根据《民法典》规定，改建、重建建筑物及其附属设施需由业主共同决定，但并非业主同意即可搭建，根据相关法律法规规定还需要办理审批手续，取得许可后方可搭建。

11月8日，城管局向王某送达了《限期拆除决定书》，限当事人七日内自行拆除涉案广告牌。随后当事人自行拆除涉案广告牌，案件办结。

三、案件分析

（一）准确认定案件当事人

案件当事人一般是违法行为人。就本案而言，涉及商业楼所有权人王某、某教育机构。涉案广告牌系王某出资设置，但非王某自己设置，而是委托广告公司设置。因此，案件还涉及广告公司。准确认定当事人是本案的关键。本案可以将广告牌的出资人（设置者）作为当事人。城管局认定王某为当事人，并非因为王某系商业楼所有人，而是综合考虑某教育机构、王某的陈述及相关书证，最终认定王某系违法行为人。

（二）作出限期拆除决定须有事实及法律依据

根据《城市市容和环境卫生管理条例》（国务院令第101号，2017年3月1日国务院令第676号修正）第三十六条的规定，查处擅自设置的大型户外广告，可以限期清理、拆除或采取其他补救措施。一些地方性法规还有"责令改正"等规定。因此对于擅自设置大型户外广告，并不必然责令当事人拆除，而应当综合考量该广告的设置是否符合户外广告设置专项规划、是否符合城市容貌标准、是否影响相邻权人权益、是否存在消防或建筑安全隐患等。本案中，城管局经过勘验，发现涉案广告牌堵塞了二楼消防逃生通道，所以最终作出了限期拆除的决定。

（三）《民法典》是对民事法律关系的规范，和行政法应当是互相衔接、互相补充的关系，而不是排他性关系

《民法典》第六章业主的建筑物区分所有权，规定了业主对相关建筑物享有的权利，由业主共同决定改建、重建建筑物及其附属设施，以及业主表决的比例规则。但该规则只能反映业主对自身权利的处分，并不能替代必要的行政审批。行政审批和业主处分民事权利既不矛盾，又不可相互替代。经过业主同意后，搭建建筑物、构筑物，设置大型户外广告设施的，应当办理审批手续。

四、案件启示

(一) 加强法律法规的宣传

执法部门应当坚持处罚与教育相结合,根据"谁执法、谁普法"的规定,做好城管方面法律法规的宣传普及工作,避免群众因对法律理解偏差产生违法行为。

(二) 用好《送达地址确认书》

送达难一直是城管部门在行政执法过程中面临的一个难点。为了化解送达难,可以在首次接触当事人的时候,让其签署《送达地址确认书》,写明接收文书的通信地址、通信电话,也可指定单位的门卫、财会人员签收,还可以填写电子送达的地址,如送达地址变更须及时通知执法机关,否则向上述地址送达即视为送达。后期,执法人员将文书直接送到确认书中填写的地址,或者是往该地址邮寄,即使当事人故意不出面或者拒收,也可以视为送达。

五、法律条款

1. 《城市市容和环境卫生管理条例》(国务院令第101号,2017年3月1日国务院令第676号修正)第十一条第二款 大型户外广告的设置必须征得城市人民政府市容环境卫生行政主管部门同意后,按照有关规定办理审批手续。

第三十六条第一项 有下列行为之一者,由城市人民政府市容环境卫生行政主管部门或者其委托的单位责令其停止违法行为,限期清理、拆除或者采取其他补救措施,并可处以罚款:

(一) 未经城市人民政府市容环境卫生行政主管部门同意,擅自设置大型户外广告,影响市容的。

2. 《民法典》第二百七十八条第一款第七项、第二款

下列事项由业主共同决定:

(七) 改建、重建建筑物及其附属设施;

业主共同决定事项,应当由专有部分面积占比三分之二以上的业主且人数占比三分之二以上的业主参与表决。决定前款第六项至第八项规定的事项,应当经参与表决专有部分面积四分之三以上的业主且参与表决人数四分之三以上的业主同意。决定前款其他事项,应当经参与表决专有部分面积过半数的业主且参与表决人数过半数的业主同意。

案例 2　不履行市容环卫责任申请强制执行案

一、案例要点

当事人不履行行政处罚决定，行政机关依法申请人民法院强制执行，对保障行政处罚的有效实施具有重要意义。

二、案情介绍

2018年9月5日9时10分，某省某市某区综合行政执法局（以下简称执法局）执法人员在甲街道巡查时发现，一家名为"母婴生活馆"的母婴用品店，将衣服、摇摇车等物品摆放在店门前的市容环卫责任区内，占用面积约3平方米，影响了周边市容环境，该店涉嫌不履行市容环卫责任，执法人员遂向该店经营者赵某进行宣传教育，送达《责令改正通知书》，要求其于当日11时前整改到位。次日9时35分，执法人员再次巡查时发现，该店的责任区内仍然摆放了有关物品。因当事人涉嫌不履行市容环卫责任，而且逾期未改正，执法人员依法进行现场勘查，拍照取证，并告知赵某到执法局接受调查处理，赵某当场拒绝，并表示不只是自己一家存在这样的情况，认为执法队员存在选择性执法，还拨打电话投诉。

在当事人拒绝配合调查，无法取得调查询问笔录的情况下，执法人员获取现场照片、执法视频、勘查笔录、当事人的工商登记信息等证据，按照规定立案查处，执法局依据《××省城市市容和环境卫生管理条例》（2012版）第十条和第四十九条的规定，对照裁量基准，拟作出罚款700元的处罚决定，于同年9月19日向赵某送达《行政处罚告知书》，因赵某拒绝签收，执法人员通过留置方式送达。

赵某逾期未进行陈述申辩，同年10月10日执法局依法作出并送达《行政处罚决定书》。赵某表示不接受处罚，执法人员告知赵某在规定期限内不履行行政处罚决定，将会依法申请法院强制执行。赵某在法定期限内既未申请行政复议也未提起行政诉讼，且未履行处罚决定缴纳罚款。2019年5月10日，执法人员向赵某送达《履行行政决定催告书》，加处700元罚款。赵某拒收，执法人员依法留置送达并拍照记录。6月3日，催告期结束后，执法局申请法院强制执行，法院经审查符合强制执行条件。执行前，承办法官上门对赵某做思想工作，督促他履行行政处罚决定，赵某感受到压力，于6月26日将罚款缴纳到位。6月28日，执法局向法院撤回强制执行申请，案件办结。

三、案件分析

通过申请法院强制执行，将此案件执行完毕，不仅处罚了当事人，也教育和警示了一批管理对象。

（一）行政非诉案件申请法院强制执行的期限

根据《行政诉讼法》《行政强制法》等相关规定，对于行政非诉案件，行政处罚决定书依法送达后，当事人在60日内不申请行政复议，在6个月内既不提起行政诉讼，又不履行行政处罚决定的，行政机关应在期限届满后3个月内申请法院强制执行。超过3个月后申请，法院不予受理。

（二）加处罚款能否申请执行

加处罚款的目的是督促当事人自觉履行缴纳罚款的义务。本案执法人员申请强制执行时，除作出行政处罚罚款决定外，还就加处700元罚款与承办法官沟通讨论，法院予以支持。

行政机关在作出行政处罚决定时一并明确告知了加处罚款的条件、标准及申请行政复议和行政诉讼权利和期限，就加处罚款部分而言，实际上是作出了一个附条件生效的行政行为。若当事人在规定期限内未缴纳罚款，即视为条件成就，每日加处3%的罚款（不超过本金）决定就自动生效，罚款数额依据处罚决定中确定的标准计算，无需行政机关另行告知。因此，当复议、诉讼期限届满后，当事人无正当理由不缴纳加处罚款的，行政机关可以申请人民法院强制执行。

四、案件启示

行政机关申请人民法院强制执行，是行政强制执行制度的重要组成部分。

（一）切实规范执法行为

人民法院裁定行政非诉案件是否准予执行前，会对行政行为的合法性进行审查，这就对行政执法提出了严格要求。行政执法机关应当严格落实"三项制度"，做到行政执法公示制度机制健全，执法行为过程信息全程记载、执法全过程可回溯管理，重大执法决定法制审核全覆盖，切实增强行政执法人员业务能力和办案水平。

本案能够成功申请强制执行的一个重要因素，是执法人员从立案、调查取证、决定执行等全过程规范执法，严格遵守办案程序，规范制作文书，准确适用法律，合理运用裁量基准，每个环节严丝合缝。

（二）加强与人民法院的沟通联系

行政机关申请法院强制执行行政处罚决定，法院审查受理后并不意味着任务完成，对于不配合的当事人，行政机关应当加强与法院沟通联系，为法院提供被执行人准确具体的信息、可供执行财产情况等，降低案件执行的难度，确保执行效果。此外，可以建立城管执法部门与法院之间联动机制。

五、法律条款

1.《××省城市市容和环境卫生管理条例》（2012版）第十条第一款　市容环卫责任人应当按照国家以及省城市容貌标准和城市环境卫生质量标准履行市容环卫责任。

第四十九条　市容环卫责任人违反本条例第十条第一款规定，不履行市容环卫责任的，由市容环卫管理部门责令限期改正；逾期未改正的，处以一百元以上一千元以下罚款。

2.《行政处罚法》❶（2017版）第五十一条　当事人逾期不履行行政处罚决定的，作出行政处罚决定的行政机关可以采取下列措施：

（一）到期不缴纳罚款的，每日按罚款数额的百分之三加处罚款；

（二）根据法律规定，将查封、扣押的财物拍卖或者将冻结的存款划拨抵缴罚款；

（三）申请人民法院强制执行。

3.《行政强制法》第十三条　行政强制执行由法律设定。法律没有规定行政机关强制执行的，作出行政决定的行政机关应当申请人民法院强制执行。

第五十三条　当事人在法定期限内不申请行政复议或者提起行政诉讼，又不履行行政决定的，没有行政强制执行权的行政机关可以自期限届满之日起三个月内，依照本章规定申请人民法院强制执行。

第五十四条　行政机关申请人民法院强制执行前，应当催告当事人履行义务。催告书送达十日后当事人仍未履行义务的，行政机关可以向所在地有管辖权的人民法院申请强制执行；执行对象是不动产的，向不动产所在地有管辖权的人民法院申请强制执行。

---

❶ 目前，《行政处罚法》最新的版本为2021年修订的。本案是2019年结案的，当时参照的文件为《行政处罚法》（2017版）。

案例 3　超越许可范围临时占道案

一、案例要点

当事人超越许可范围，临时占用城市道路开展商业宣传活动，应当依法处罚。

二、案情介绍

2018 年 4 月 27 日，某县综合行政执法局（以下简称执法局）执法人员巡查时发现，某商铺（系某公司，是一个单位）占用门前城市道路（人行道）开展商业宣传活动，现场搭设舞台，摆放音箱、椅子、地毯、花篮等物品，占用该店铺前整幅人行道。

执法人员对当事人某商铺的现场人员进行询问调查。现场人员出示了《临时占用城市道路（含人行道）许可证》（以下简称《许可证》），登记事项显示，设置项目为花篮八对、地毯一张、桌子一张、椅子三把，占道面积 60 平方米（长 12 米、宽 5 米）。经过现场勘查，设置的桁架、舞台、音响、桌椅数量及占道面积均已超出《许可证》事项范围，构成擅自占用城市道路的违法事实。执法人员责令当事人限期改正，该商铺在限定期限内拒不改正。

某商铺超越行政许可范围开展商业宣传活动的行为，违反了《行政许可法》第八十条第二项、《××市市容和环境卫生管理条例》第二十三条第一款第三项的规定。执法局依据该条例第六十一条的规定，对当事人作出罚款 1000 元的处罚决定。

三、案件分析

（一）准确认定违法事实

本案中《许可证》上载明的许可事项属于依法取得许可的事项，受法律保护；当事人超越行政许可事项构成擅自占用城市道路的违法事实，不受法律保护。

（二）准确适用法律法规

当事人超越行政许可范围开展商业活动的行为，违反了《行政许可法》第八十条第二项的规定，对当事人擅自占用城市道路的违法行为，应适用《××市市容和环境卫生管理条例》依法处罚。

四、案件启示

（一）程序法与实体法的关联适用

一方面，当事人的行为超越行政许可范围，违反了程序法即《行政许可法》的规定。另一方面，当事人的行为本质上是擅自占用城市道路开展宣传的经营性行为，违反了实体法即《××市市容和环境卫生管理条例》的规定。程序法与实体法的关联适用，对当事人作出行政处罚更显科学合理。

（二）合法行为与违法行为的分类处理

本案中，当事人经许可占用城市道路开展商业活动，执法实践中要注意对合法权益的保护，对违法事实应先责令限期改正，当事人拒不改正的情况下方可查处。本案当事人在规定期限内拒不改正，执法部门依法给予了行政处罚。反之，如若当事人在规定期限内及时改正，则不应处罚。

五、法律条款

1. 《行政许可法》第八十条第二项　被许可人有下列行为之一的，行政机关应当依法给予行政处罚；构成犯罪的，依法追究刑事责任：

（二）超越行政许可范围进行活动的。

2. 《××市市容和环境卫生管理条例》第二十三条第一款第三项　除因公共利益等特殊需要并报经所在地区（市）县城市管理部门批准（影响交通安全的，还应当征得公安交通管理部门同意）的外，任何单位和个人不得擅自占用城市道路、广场、桥梁、下穿通（隧）道、街道游园及其他公共场地从事下列活动：

（三）开展经营、宣传等活动。

第六十一条　违反本条例第二十三条第一款或者第二十四条第一款规定的，责令改正；拒不改正的，对个人处二百元罚款，对单位处一千元以上二千元以下罚款。

案例 4　生活垃圾混装混运案

一、案例要点

生活垃圾中的其他垃圾不得和厨余垃圾混装混运。驾驶员工作履职时发生的违法行为，应当由其所属的公司而不是个人承担相应的行政违法后果。

二、案情介绍

2021年8月3日13时，某市综合行政执法局（以下简称执法局）执法人员在某环保发电厂开展检查，在地磅房处发现一辆标识为"其他垃圾专用运输车"的垃圾运输车辆，车厢内有食品塑料包装袋、废弃油脂、辣椒废料（火锅料渣）、中药渣等各类垃圾。为查明事实，执法人员要求驾驶员代某将垃圾倾倒在地磅房一处空地上，现场对代某调查询问，代某现场承认将生活垃圾混装，执法人员对现场调查全过程视频记录。代某将生活垃圾混装混运的行为涉嫌违反了《××市生活垃圾管理条例》相关规定。

执法局立案调查后，查明代某所属公司某环保科技有限公司（以下简称环保公司）安排其将生活垃圾混装混运，鉴于代某的行为是职务行为，根据《××市生活垃圾管理条例》第六十九条的规定，对当事人环保公司作出罚款13.8万元的行政处罚。

三、案件分析

（一）生活垃圾混装混运的认定

驾驶员代某于8月3日8时前往某区某工业园收运5家企业的生产生活垃圾。执法人员通过调取某工业园部分视频监控确认代某当日去收运过企业垃圾。

代某在询问调查笔录中承认其驾驶涉案车辆于8月3日在某食品有限责任公司收运了废弃油脂、辣椒废料（火锅料渣）、香料渣、泡沫等垃圾，其中"废弃油脂、辣椒废料（火锅料渣）"符合《××市餐厨垃圾管理办法》《××市生活垃圾管理条例》对厨余垃圾的定义。

根据对上述5家企业的调查询问，他们与当事人签订垃圾清运合同目的是清运生产垃圾。但实际上一些食品企业将厨余垃圾混投，当事人使用标识为"其他垃圾专用运输车"的涉案车辆，将生活垃圾混装混运。执法人员通过错时蹲守、赶赴某区调查取证，全面客观记录下涉案车辆、物品等证据，结合询问笔录形成有效的证据链，确定违法事实。

（二）违法行为主体的确定

在案件调查过程中，驾驶员代某只承认是朋友叫他收运的垃圾，隐瞒在公司工作的事实，车辆属于名叫"张某"的个人所有。经过执法人员走访调查，调取某市社会保险个人参保缴费证明，确认张某、代某都是环保公司员工，车辆实际使用人为某环保公司。8月3日，当事人环保公司安排代某驾驶涉案车辆去工业园企业收运垃圾，当事人应当对垃圾混运行为负责。

四、案件启示

实行生活垃圾分类管理，涉及千家万户。地方立法后，生活垃圾分类从倡导行为转变为法定义务，垃圾分类管理法治化步入轨道。执法人员应当坚持以法律为准绳，在精准执法上下功夫，通过案件办理"以案促管"，倒逼个人和单位履行生活垃圾分类主体责任，此案是该市第一例生活垃圾运输车辆混装混运案，本案的办理有利于强化生活垃圾运输企业分类意识，打击运输环节垃圾未分类行为，推动生活垃圾全生命周期管理。

五、法律条款

1.《××市餐厨垃圾管理办法》第二条第一款　本办法所称餐厨垃圾，属于生活垃圾范畴，是指除居民家庭日常生活以外的食品加工、餐饮服务、畜禽屠宰等活动过程中产生的厨余垃圾和废弃食用油脂等废弃物。

2.《××市生活垃圾管理条例》第四十条　生活垃圾收集、运输单位在作业时应当遵守下列规定……（六）应该将生活垃圾分类运输至符合规定的转运、处理场所，不得混装混运。

第六十九条　违反本条例第四十条第五项或者第六项规定的，由城市管理部门责令改正，没收违法所得，处以五万元以上二十万元以下罚款；情节严重的，处以二十万元以上五十万元以下罚款。

案例 5　随意倾倒、堆放生活垃圾案

一、案例要点

随意倾倒、抛撒、堆放或者焚烧生活垃圾的违法行为，违反多个法律规范应当给予罚款处罚的，按照罚款数额高的规定处罚。

二、案情介绍

2021 年 5 月 9 日，某区城市管理局（以下简称城管局）接到某街道社区工作人员举报，反映辖区内某路段出现一堆生活垃圾。城管局随即派执法人员到现场进行调查、勘验。经查，生活垃圾主要为废弃塑料瓶、塑料袋、纸张等，面积 0.8 平方米。执法人员向社区工作人员询问有关情况。社区工作人员提供了监控视频，显示当天 9 时 2 分，一辆小型货车驶到案发地，将车载生活垃圾倾倒在路边。

获取初步证据后，当日，城管局对上述违法行为予以立案。执法人员到交警部门调取了涉案车辆相关时间段在附近路段的监控视频，发现车辆是从附近某水果店门口驶出。执法人员遂赶到该店，询问店主翟某是否系上述货车的车主，是否在 5 月 9 日 9 时 2 分驶经案发路段倾倒生活垃圾。翟某承认了上述事实，跟随执法人员到案发现场进行勘验，接受调查询问。翟某承认，自己经营一家水果店，产生的生活垃圾太多，想利用小货车运到一个偏僻的路边倾倒，自以为不会被发现。执法人员要求翟某提供身份证、驾驶证、行驶证、店铺营业执照，经核对，翟某确系涉案小货车车主。

由于案件事实清楚、证据充分，城管局依法先后送达了《行政处罚事先告知书》《行政处罚决定书》，对翟某作出罚款 500 元的行政处罚。翟某及时缴纳了罚款，案件办结。

三、案件分析

（一）违法行为主体的认定

本案翟某是自然人，是水果店的经营者。翟某将水果店产生的生活垃圾随意倾倒、堆放，认定其个人为当事人更为合适。其一，涉案车辆系翟某个人名下车辆，翟某也是驾驶该车辆实施倾倒、堆放生活垃圾的行为人；其二，翟某倾倒的生活垃圾虽然是水果店产生的，但非水果店必要、正常的经营行为，如果认定水果店是当事人，需要求证随意倾倒、堆放生活垃圾系出于店铺经营需要，增加了调查难度；其三，个体工商户在行政处罚中的法律地位和自然人相等，认定个体工商户为当事人或是自然人为当事人，对当事人的权利义务并不会产生影响。综上，城管局最后认定翟某为案件当事人。

（二）法条中并列情形的处理

《固体废物污染环境防治法》第四十九条第二款规定，任何单位和个人都应当依法在指定的地点分类投放生活垃圾。禁止随意倾倒、抛撒、堆放或者焚烧生活垃圾。第一百一十一条第一款第一项、第二款规定，随意倾倒、抛撒、堆放或者焚烧生活垃圾的要接受行政处罚。很多法条都有这种带顿号的并列情形。例如城管执法中常见的流动摊点，一些法条表述为"占用道路、人行过街桥、人行地下过街通道、地铁通道以及其他公共场地摆摊设点"。编写案由的时候，应当选择符合实际情况的情形，不能随便选取一项，不能全部列举；同一个行为符合同一个法条的多个并列的情形时，可以同时列举，但是只能进行一次行政处罚，否则违反"一事不再罚"的原则。

四、案件启示

（一）执法部门要加强执法协作

充分发挥属地网格作用，及时发现违法行为，一些社区安装了路面监控，城管部门要借助它，查处、打击违法行为。调查涉案机动车通常离不开交警支持。本案通过向交警支队查询监控追查到了当事人。其他类似案件可以采用请交警配合查询机动车驾驶人姓名、联系方式的做法。部分地区城管部门和交警开展联合执法，共同查处大型货车超重、超高、未密闭运输等问题，交警可以依法扣押车辆。城管部门可提前和交警部门沟通，畅通城管—交警的执法协作渠道。

（二）执法部门要准确适用法律

城管领域有多部法律、法规，对乱倒生活垃圾、建筑垃圾、餐厨废弃物进行查处。在法条选择的时候，执法机关一方面应当按照《立法法》确立的"上位法优于下位法""特别法优于一般法"的原则进行法律适用；另一方面根据《行政处罚法》，对同一个违法行为违反多个法律规范应当给予罚款处罚的，按照罚款数额高的规定处罚。

五、法律条款

《固体废物污染环境防治法》第四十九条第二款 任何单位和个人都应当依法在指定

的地点分类投放生活垃圾。禁止随意倾倒、抛撒、堆放或者焚烧生活垃圾。

第一百一十一条第一款第一项　违反本法规定，有下列行为之一，由县级以上地方人民政府环境卫生主管部门责令改正，处以罚款，没收违法所得：

（一）随意倾倒、抛撒、堆放或者焚烧生活垃圾的。

第一百一十一条第二款　单位有前款第一项、第七项行为之一，处五万元以上五十万元以下的罚款；单位有前款第二项、第三项、第四项、第五项、第六项行为之一，处十万元以上一百万元以下的罚款；个人有前款第一项、第五项、第七项行为之一，处一百元以上五百元以下的罚款。

案例6 转运渣土造成路面污染案

一、案例要点

建筑企业转运建筑垃圾造成路面污染案件中,应通过调查项目建设单位、施工单位和双方订立的建设工程施工合同来确定违法行为人,同时根据污染面积、当事人有无办理相关手续、事后有无采取补救措施等情节进行处理。

二、案情介绍

2018年10月29日14时,某市综合行政执法局(以下简称执法局)执法人员巡查至某路时,发现一装载机正在进行渣土转运,造成路面污染。执法人员随即进行了勘验取证,经测量,造成长55米、宽4.2米、面积231平方米的路面污染。

执法人员通过询问施工现场人员,得知案发现场周边有一工地正在施工,项目名称为"某基础设施建设项目"。当天下午,执法人员询问了工地现场管理人员,得知该项目施工单位为某建设有限公司(以下简称建设公司),其利用装载机通过城市道路转运工地内部的渣土。初步确定违法当事人为建设公司。执法人员对该项目建设单位进行了询问,同时根据其提供的施工合同,确定违法当事人为建设公司。10月31日,建设公司委托公司员工提交了营业执照、法定代表人身份证复印件、授权委托书、受委托人身份证复印件等。执法局对此人做了第一次询问笔录,对现场勘验笔录及有关证据进一步确认。执法局立案调查后,认定建设公司利用装载机通过城市道路转运渣土造成路面污染的行为违反了《×××市建筑垃圾处置管理条例》第二十六条第五项的规定。

办案机构会审后认定该违法行为造成严重污染。执法局组织重大案件集体讨论后,同意办案机构对违法行为的认定及处罚建议,拟处55000元罚款。该案当事人为单位且违法行为系经营性,根据《××省行政处罚听证程序规定》,该案适用听证程序。11月7日,当事人向执法局递交了听证申请。11月9日,执法人员向当事人送达了《听证通知书》,并在施工现场围挡及执法局办公场所张贴听证公告。11月22日,执法局在听证室公开举行了听证。11月28日,执法局制作了《听证意见书》,对当事人减轻处罚,罚款金额由55000元减至48000元。12月6日,当事人签收《行政处罚决定书》。12月20日,当事人缴纳了罚款,案件办结。

三、案件分析

(一) 准确确定违法主体

执法局通过询问施工现场及建设单位有关人员,结合建设单位提交的施工合同等,确定违法主体为建设公司。

(二) 依法适用减轻处罚

鉴于当事人在限定时间内冲洗污染路面,主动消除违法行为危害后果,积极配合调查,采取补救措施,且办理了临时占道施工手续,执法局将罚款金额由 55000 元减轻至 48000 元。

四、案件启示

(一) 重视调查取证工作

通过多渠道、多种形式收集当事人违法事实证据,形成完整的证据链条,为后期处罚提供坚实支撑。

(二) 严格落实重大案件分级会审制度

该案违法行为涉及处罚金额自由裁量区间大,严格落实分级会审原则,办案机构会审,执法局重大案件集体讨论,确保程序合法。

(三) 执法程序规范,保障当事人的听证权

执法局及时告知当事人享有的听证权利,及时组织听证,全面听取当事人的相关主张,进一步查清了案件事实,有效化解了可能引发的行政复议和诉讼风险,为行政处罚的顺利执行奠定了良好的基础。

(四) 规范裁量权的行使

处罚不是目的,以罚促改才是初衷。本案当事人主动消除违法行为危害后果,积极配合调查,对当事人从轻处罚,体现了审慎包容的执法原则。

五、法律条款

《××市建筑垃圾处置管理条例》第二十六条第五项　运输建筑垃圾应当遵守下列

规定：

（五）密闭运输，不得冒载或者沿途泄漏、遗撒。

第五十二条第一款　在城市道路上违反本条例第二十六条第四至六项规定的，由城市管理行政主管部门责令限期改正、清除污染，并按照下列规定处以罚款：

（一）违反第四项规定的，处以一千元以上三千元以下罚款。

（二）违反第五项规定的，处以五千元以上一万元以下罚款；造成污染的，处以二万元以上五万元以下罚款；污染特别严重的，处以五万元以上十万元以下罚款。

案例7 擅自倾倒建筑垃圾案

一、案例要点

执法人员通过现场勘验、询问证人、调取监控视频、卫星定位行车轨迹比对等技术手段进行全面分析,及时锁定涉案车辆,准确确定违法行为人。

二、案情介绍

2020年5月13日,某区综合行政执法局(以下简称执法局)接到举报,称当天0时40分左右有车辆在某区某镇呈祥大道旁乱倒建筑垃圾,执法人员迅速赶往现场,通过勘验发现,建筑垃圾较湿润,可能为刚刚倾倒的。执法人员查看涉案地沿线监控视频,发现涉案车辆为某物流公司(以下简称物流公司)所有,车辆驶往案发现场时篷布紧盖,车厢满载,车辆离开事发现场后篷布敞开,车厢空载。经进一步比对涉案车辆行车轨迹与车辆卫星定位轨迹相吻合。据此,执法局认定,当事人物流公司于5月13日0时28分至44分之间,在上述路段河边空地擅自倾倒建筑垃圾,违反了《××市建筑垃圾处置管理条例》第十八条第一款的规定,鉴于当事人拒不配合调查,违规倾倒建筑垃圾方量较大,且其在2019年5月、7月、8月、10月多次擅自倾倒建筑垃圾,影响恶劣,执法局依据《××市建筑垃圾处置管理条例》第四十八条、第五十二条第一款第三项的规定,作出从重罚款10万元的处罚决定。当事人不服行政处罚决定,提起行政诉讼,区法院判决驳回诉讼请求。当事人不服一审判决上诉,中院驳回上诉,维持原判。

2021年7月12日,因当事人仅缴纳罚款10万元,拒不缴纳加处罚款10万元,执法局申请法院强制执行。7月20日,法院裁定执行,将加处罚款10万元追缴到账,案件办结。

三、案件分析

(一)综合运用多种调查手段准确认定违法事实

执法局虽未现场查获违法行为,但在接到举报后,进行了现场勘验,询问证人,调取监控视频，并通过市扬尘治理大数据协同管理中心时空查车、卫星定位行车轨迹比对等技术手段，对涉案车辆的行驶轨迹、行驶时间、停车时间、停车前后的状态以及案发现场的现状进行分析比对，认定违法事实，证据充分。

（二）严格落实执法全过程记录

办案过程中，执法人员全程记录了排放现场相关情况、涉案驾驶员的陈述等关键证据。文书送达过程中，全过程录像规范留置送达，各环节视频刻录光盘与卷宗一并存档。

四、案件启示

（一）严格进行全过程记录

案件调查时，当事人出于各种目的，会在不同时间出现不同的甚至相互矛盾的事实陈述，特别是在调查询问、制作笔录时，想方设法隐瞒真实情况，而全过程记录可以收集当事人在特定时间的真实陈述，有可能成为案件办理关键证据。执法人员应及时到现场进行核实、勘验，找准建筑垃圾乱倾倒点位，固定现场证据，锁定违法事实。

（二）充分利用科技手段

向科技"借力"，借用天网、卫星定位等监控网络、扬尘信息化监管平台等系统，迅速调查可疑车辆行驶轨迹、视频监控等，着眼车辆停靠时间、停车位置、倾倒点位等信息关键点，明确案件调查方向及调查目标。

（三）法院强制执行维护行政执法尊严

行政执法与司法衔接是保障城市管理行政执法工作有效落实的重要手段，加强城市管理行政执法与法院司法的衔接工作，强化部门间信息共享、沟通交流，充分发挥司法保障作用，切实将执法成效落到实处，通过冻结当事人账户、划拨其资金，迫使当事人履行处罚决定，这一举措在渣土运输行业起到了强有力的震慑作用。

五、法律条款

《××市建筑垃圾处置管理条例》第十八条第一款　禁止擅自倾倒建筑垃圾。

第二十六条第四项、第五项、第六项　运输建筑垃圾应当遵守下列规定：

（四）保持车轮、车身外部整洁，不得带泥行驶；

（五）密闭运输，不得冒载或者沿途泄漏、遗撒；

（六）将建筑垃圾运送至核定的消纳场地。

第四十八条　建设单位或者施工单位、运输企业违反本条例第十八条第一款规定的，分别按照本条例第四十五条、第五十二条第一款第三项的规定处理。

建设单位或者施工单位、运输企业之外的其他单位或者个人违反本条例第十八条第一款规定的，按照本条例第四十七条的规定处理。

第五十二条第一款第三项　在城市道路上违反本条例第二十六条第四至六项规定的，由城市管理行政主管部门责令限期改正、清除污染，并按照下列规定处以罚款：

（三）违反第六项规定，沿途倾倒建筑垃圾的，处以五万元以上十万元以下罚款。

案例8　擅自设立弃置场受纳建筑垃圾案

一、案例要点

案件涉及多个违法主体时，应当正确区分当事人的不同违法行为，依法分别予以处罚。

二、案情介绍

2021年7月19日，某县行政执法局（以下简称执法局）接到群众举报，称有人在某县某镇某楼盘斜对面一条山沟里倾倒、堆放建筑垃圾。当天15时，执法人员赶到现场进行核实，经勘验，现场有两堆建筑垃圾，其中一堆建筑垃圾为泥沙混合土，呈7字形由北向南、由东向西，占地面积1276.6平方米。另一堆建筑垃圾为碎泥土，由北向南，占地面积161.5平方米。两堆建筑垃圾占地面积合计1438.1平方米。7月23日，经某省地质测绘院测量，认定建筑垃圾3904.7立方米。

经深入调查，执法人员查明上述建筑垃圾来自某电力隧道施工项目。该工程的建设单位为某县某事务中心，施工总包单位为某集团有限公司（A），该集团有限公司与某建设公司（B）签订施工劳务分包合同，由建设公司负责该项目工地盾构工程的劳务施工。建设公司将该项目的盾构泥浆渣土外运工程分包给了某机械设备有限公司（以下简称设备公司），设备公司（C）又将该项目盾构土外运交由某渣土公司（D）具体承运，该渣土公司依法办理《××县建筑垃圾处置许可证》，合法运输。后因某渣土公司运力不足，设备公司遂联系当地村民谭某运输，2021年5月至6月底，谭某遂组织周某、李某、金某、李某亮使用不同型号的重型自卸货车将该项目工地的建筑垃圾运输至涉案地非法倾倒。谭某未办理建筑垃圾弃置场手续，擅自设立弃置场受纳建筑垃圾。

因谭某违反了《城市建筑垃圾管理规定》第九条的规定，执法局依据《城市建筑垃圾管理规定》第二十条第一款第三项、第二款的规定对其处以警告和罚款人民币3000元的行政处罚；同时执法局依据《固体废物污染环境防治法》第一百二十条第一项的规定，将谭某移送公安机关处理，公安机关对其作出行政拘留五日的行政处罚决定。

因周某、李某、金某、李某亮不按规定使用专用运输车辆承运建筑垃圾（车辆均不符合《××市渣土运输车辆专用功能规范》的要求，不是运输建筑垃圾的专用车辆）的行为，违反了《××市城市管理条例》第十六条第一款的规定，执法局依据《××市城市管理条例》第四十六条第一款对上述四人均处以罚款人民币5000元的行政处罚。

因设备公司未经核准，联系谭某组织个人车队非法外运建筑垃圾的行为，违反了《城市建筑垃圾管理规定》第七条第一款的规定，执法局依据《城市建筑垃圾管理规定》第二十五条第一项的规定，对其处以警告和罚款人民币3万元的行政处罚。

因建设公司将建筑垃圾交给未经核准从事建筑垃圾运输的设备公司处置，违反了《城市建筑垃圾管理规定》第十三条的规定，执法局依据《城市建筑垃圾管理规定》第二十二条第二款的规定，对其处以警告和罚款人民币10万元的行政处罚。

三、案件分析

（一）涉案建筑垃圾未造成环境污染

执法局集中行使城市管理、生态环境等领域的行政处罚权。执法人员应当首先判断是否违反生态环境方面的法律，是否构成更严重的环境违法行为。为排除环境污染风险，执法局委托专业单位对涉案建筑垃圾进行取样检测。经查明，未发现含有总铜、总锌、六价铬、总铅等项目，总镍、总汞、化学需氧量、阴离子表面活性剂均未超标，排除了各类污染因子超标造成环境污染的可能性。

（二）正确区分当事人的违法行为

1. 谭某的行为构成擅自设置弃置场受纳建筑垃圾。

谭某在未办理受纳建筑垃圾许可的情形下，寻找倾倒地点、平整消纳场入口和场地，组织多人倾倒建筑垃圾至其指定地点，其违法行为符合擅自设置弃置场受纳建筑垃圾构成要件，没有具体实施随意倾倒建筑垃圾的违反法行为。根据《××局行政处罚自由裁量权基准》的有关规定，受纳建筑垃圾数量在100立方米以上，属于严重违法情形，执法局依法将其移送公安机关。

2. 周某、李某、金某、李某亮的行为构成不按规定使用专用运输车辆承运建筑垃圾。

周某、李某、金某、李某亮使用重型自卸货车承运建筑垃圾，非法倾倒建筑垃圾，运输车辆建筑垃圾不是专用的运输车辆，倾倒地方不是合法的建筑垃圾受纳场。上述四人的行为同时违反了《城市建筑垃圾管理规定》第十五条和《××市城市管理条例》第十六条第一款的规定，应适用择一重处断的原则。

3. 设备公司的行为构成未经核准处置建筑垃圾。

渣土公司办理了建筑垃圾处置许可证，是合法的建筑垃圾运输主体，设备公司未办理建筑垃圾核准手续，组织安排个人车队外运建筑垃圾的行为应认定为未经核准处置建筑垃圾的违法行为。

4. 建设公司的行为构成将建筑垃圾交给未经核准从事建筑垃圾运输的单位处置。

建设公司作为负责项目工地盾构工程的劳务施工单位,明知设备公司未取得建筑垃圾核准,仍将建筑垃圾交给其处置,构成将建筑垃圾交给未经核准从事建筑垃圾运输的单位。

四、案件启示

追根溯源,全面查处,强有力地打击了多方主体违法行为。在建筑垃圾管理的执法实践中,大部分案件仅仅局限于查处现场发现的违法案件,忽视了对建筑垃圾的去向和来源的调查,一定程度上纵容了相关上下游违法主体的违法行为,降低了行政执法公信力。本案最初来源于违法地点当地居民对于"随意堆放建筑垃圾"的举报线索,执法人员积极作为,既查处了非法受纳场的设置方,又查处了运输建筑垃圾的运输方,还查处了建筑垃圾来源工地的施工方等,尤其是将非法受纳场的设置方移送行政拘留,对实施建筑垃圾违法行为人起到了较大的震慑作用。

五、法律条款

1.《城市建筑垃圾管理规定》第七条第一款　处置建筑垃圾的单位,应当向城市人民政府市容环境卫生主管部门提出申请,获得城市建筑垃圾处置核准后,方可处置。

第九条　任何单位和个人不得将建筑垃圾混入生活垃圾,不得将危险废物混入建筑垃圾,不得擅自设立弃置场受纳建筑垃圾。

第十三条　施工单位不得将建筑垃圾交给个人或者未经核准从事建筑垃圾运输的单位运输。

第十五条　任何单位和个人不得随意倾倒、抛撒或者堆放建筑垃圾。

第二十条第一款三项　任何单位和个人有下列情形之一的,由城市人民政府市容环境卫生主管部门责令限期改正,给予警告,处以罚款:

(三)擅自设立弃置场受纳建筑垃圾的。

第二十条第二款　单位有前款第一项、第二项行为之一的,处3000元以下罚款;有前款第三项行为的,处5000元以上1万元以下罚款。个人有前款第一项、第二项行为之一的,处200元以下罚款;有前款第三项行为的,处3000元以下罚款。

第二十二条第二款　施工单位将建筑垃圾交给个人或者未经核准从事建筑垃圾运输的单位处置的,由城市人民政府市容环境卫生主管部门责令限期改正,给予警告,处1万元以上10万元以下罚款。

第二十五条第一项　违反本规定,有下列情形之一的,由城市人民政府市容环境卫生主管部门责令限期改正,给予警告,对施工单位处1万元以上10万元以下罚款,对建设单位、运输建筑垃圾的单位处 5000 元以上 3 万元以下罚款：

（一）未经核准擅自处置建筑垃圾的。

第二十六条　任何单位和个人随意倾倒、抛撒或者堆放建筑垃圾的，由城市人民政府市容环境卫生主管部门责令限期改正，给予警告，并对单位处 5000 元以上 5 万元以下罚款，对个人处 200 元以下罚款。

2.《固体废物污染环境防治法》第一百二十条第一项　违反本法规定，有下列行为之一，尚不构成犯罪的，由公安机关对法定代表人、主要负责人、直接负责的主管人员和其他责任人员处十日以上十五日以下的拘留；情节较轻的，处五日以上十日以下的拘留：

（一）擅自倾倒、堆放、丢弃、遗撒固体废物，造成严重后果的。

3.《××市城市管理条例》第十六条第一款　承运生活垃圾、建筑垃圾、砂石、预拌商品混凝土等散装流体物品的，应当使用规定的专用运输车辆，并保持车辆外形完好、整洁。

第四十六条第一款　违反本条例第十六条第一款规定，不按规定使用专用运输车辆运输的，由城市管理综合行政执法机关责令停止违法运输行为，并处五百元以上五千元以下罚款。

案例 9　绿化带内停放共享单车案

一、案例要点

共享单车运营企业虽然是分公司，符合一定条件可以作为行政处罚对象。在对违法行为没有专门、明确的法律法规情况下，应当选择适用最贴近的法律法规。

二、案情介绍

2021年7月15日14时，某县综合行政执法局（以下简称执法局）执法人员在巡查中发现绿化带内停放有某网络科技有限公司A分公司（以下简称A分公司）所有的互联网租赁自行车（以下简称共享单车），其中有3辆呈倒伏状态。当事人A分公司负责人黄某现场向执法局提交了本公司的营业执照及片区负责人身份证、联系方式等相关信息，并对违法事实予以承认。

经执法人员查明，全县仅当事人一家从事共享单车经营活动，并向本县交通部门办理了报备手续，当事人日常将其所有的共享单车投放在城市道路划定的非机动车停放区域内。

经执法人员查询"××市综合行政执法智慧服务平台"发现，执法局曾对当事人同类违法行为处以警告的行政处罚，此次行为系在一定时间跨度内（该县规定为1年，以违法行为实际发生时间起计）的再次违法，构成拒不改正。

当事人的共享单车未规范停放，构成在绿化带内乱停放车辆的事实，违反了《××市园林绿化条例》第三十条第四项的规定。执法局依据该条例第三十四条的规定，适用简易程序当场作出罚款500元的处罚决定。

三、案件分析

（一）准确认定案件当事人

当事人虽然是分公司，但是依法设立并领取有营业执照，属于其他组织。根据《行政处罚法》第四条的规定，行政处罚的对象为公民、法人或其他组织，执法局认定A分公司作为案件当事人是准确的。

（二）准确选择适用法律

以前对于共享单车占用道路乱停放，通常适用《城市道路管理条例》，按擅自占用道路查处，因当事人并无擅自占用城市道路或超出许可范围占用城市道路的违法事实，而是停放在园林绿地内，故适用《××市园林绿化条例》是准确的。

四、案件启示

近年来，共享单车的推出给市民出行带来了诸多便利，但随之而来的问题也逐渐增多，主要表现为：非机动车停车区域内无序停放、随意丢弃；非机动车停车区域外占用城市道路、占用盲道、占用消防通道、占用广场、占用绿地；车辆投放数量规模过大、陈旧车辆回收不及时等，给道路交通安全和市容环境秩序带来了一些负面影响。针对这些问题，一方面可以制订完善管理措施，另一方面要尽快修改出台修改法规。目前北京市已制定《北京市非机动车管理条例》，对共享单车经营企业应当遵守的规定及法律责任进行了明确规定，江苏省和无锡市、淮安市等地都有这方面的经验。

五、法律条款

1.《行政处罚法》第四条　公民、法人或者其他组织违反行政管理秩序的行为，应当给予行政处罚的，依照本法由法律、法规、规章规定，并由行政机关依照本法规定的程序实施。

2.《××市园林绿化条例》第三十条第四项　禁止任何单位和个人在园林绿地内从事下列行为：

（四）停放车辆、堆放物料、倚树堆物搭棚或者圈围树木。

第三十四条第四项　在公共绿地内从事本条例第三十条规定各项行为之一的，由城市管理综合行政执法部门责令改正，给予警告；拒不改正的，按照下列规定处理：

（四）有第四项规定行为之一的，处以五百元以上二千元以下的罚款。

前款规定行为，造成树木损坏、绿地毁坏等严重后果的，由城市管理综合行政执法部门按照本条例第三十三条第一款至第三款的规定处理。

案例 10　擅自占用小区绿地案

一、案例要点

占用住宅小区内绿地应当经园林绿化部门批准，教育部门的行政许可不能代替园林绿化部门的行政许可。

二、案情介绍

2021年4月，某区综合行政执法局（以下简称执法局）接到群众举报，反映该区某培训机构存在占用绿地问题，随即派执法人员进行现场调查、勘验，而后正式立案查处。立案后，执法局会同园林绿化、规划、教育等部门和属地街道办事处进行调查处理，通过调阅相关规划图纸和合同档案等资料、委托测绘单位出具《测绘技术报告》、询问相关人员、商请园林绿化部门出具认定意见等方式，确认当事人某培训机构未经园林绿化部门批准同意，非法侵占绿地400余平方米，违反了《××市园林绿化条例》第二十五条第一款、第二款的规定。执法局依据该条例第三十三条第二款的规定，责令当事人立即改正，限期退还，恢复原状，但当事人拒不改正，在履行行政处罚事先告知、集体讨论、公开听证等程序后，执法局依法对其处以赔偿金额三倍的罚款，共计7万余元。当事人不服执法局行政处罚决定，申请行政复议，某区人民政府维持执法局的上述行政处罚决定，其后，当事人缴纳了全部罚款，案件办结。

三、案件分析

（一）教育主管部门的办学许可不能代替园林绿化部门的许可

当事人在陈述申辩时提出，其开办该培训机构时经过教育部门现场勘验，办理了办学许可证，且经过物业公司同意，签订了租用合同，出于信赖利益保护原则，占用绿化用地的行为是合法的，不应被查处。执法局认为，办学许可和占用绿地许可是不同行业部门管理的不同事项，属于两类不同许可，当事人取得办学许可是其从事相应经营行为的前提条件，但与占用绿地行为没有必然关联；另外，物业公司的同意不具有公信力，当事人和物业公司均无权擅自改变园林绿化用地的规划用途和原状，占用绿地的审批权在园林绿化部门，因此，当事人的主张不能作为其占用绿地行为的合法依据。

（二）非法占用绿地不仅指城市公共绿地，还包含住宅小区内部公共绿地

当事人提出，他们占用的绿地是小区绿地，不是公共绿地，是合法的。执法局认为，根据《××市住宅小区绿化管理规定》第十四条的规定，当事人擅自占用住宅小区非专有部分的绿化用地的行为，可以适用《××市园林绿化条例》的规定进行查处。

（三）案件处罚金额并无不当

当事人提出，其自身并无过错，处罚金额过高，请求减免处罚。一方面，对处罚金额的认定，执法局商请园林绿化部门根据调查情况和政策标准进行核算和认定，确定了当事人占用绿地的具体赔偿金额，执法局依据园林绿化部门的认定函和相关证据材料确定赔偿金额，并无不当；另一方面，当事人在整个执法过程中一直拒不配合执法，执法局送达《责令改正通知书》后仍拒不改正，执法局基于案情实际，结合省、市裁量基准规定，从重处罚，给予当事人赔偿金额三倍的罚款。

（四）合理把握审慎包容执法尺度

当事人提出，执法缺乏合理性，认为教育培训关系到众多儿童的切身利益，关系社会稳定，查处没有体现柔性执法的原则。执法局认为，柔性执法应当符合法律法规的规定，当事人以案件处罚关系社会稳定等为由要求减免处罚，无因果关联，且于法无据。案发以来，执法局针对当事人的违法行为，多次进行法律法规宣传劝导，希望通过耐心细致的工作使其自觉改正，减轻违法行为危害后果，从而适度减轻处罚，这正是执法局正确、合理、适度地践行柔性执法原则，但其一概置之不理，直到《责令改正通知书》规定的整改期限届满，仍拒不改正，没有减免处罚的前提和基础。

四、案件启示

（一）办案过程中，执法人员应当区分不同行政管理领域的不同行政许可事项，不能互相代替，防止违法行为人偷换概念，逃避处罚。

（二）实施综合行政执法改革、行业主管部门和行政执法部门分开设立的，应当做好协调配合，涉及专业技术性问题，需要行业主管部门进行认定的，应当商请其认定，并给出明确的书面答复意见，避免一些专业事项认定不准确。

五、法律条款

1.《××市住宅小区绿化管理规定》第十四条　对擅自移植、砍伐住宅小区树木，擅自占用住宅小区绿地，破坏住宅小区绿地的地形地貌、水体和植被，毁坏树木或造成树木死亡的行为，按照《××市园林绿化条例》的有关规定实施处罚。

2.《××市园林绿化条例》第二十五条　禁止擅自占用园林绿地；禁止破坏园林绿地范围内的地形地貌、水体和植被。

因公共利益需要临时占用园林绿地的，在部分区和市人民政府确定的特定区域内，由市园林绿化主管部门批准；在其他区域的，由所在地区（市）县园林绿化主管部门批准。

第三十三条第二款　违反本条例第二十五条第一款规定，擅自占用园林绿地的，由城市管理综合行政执法部门责令改正，限期退还，恢复原状，赔偿损失，并处赔偿金额一倍以上三倍以下的罚款；破坏园林绿地范围内的地形地貌、水体和植被的，由城市管理综合行政执法部门责令赔偿损失，并处五千元以上一万元以下的罚款。

案例 11　擅自砍伐园林绿地树木案

一、案例要点

砍伐自己种的树木应当经园林绿化管理部门批准，得到许可后方可砍伐树木。

二、案情介绍

2021 年 8 月 13 日，某区综合行政执法局（以下简称执法局）收到案件线索，某建机（中国）有限公司（以下简称建机公司）涉嫌砍伐厂区内园林绿地树木。执法人员经现场调查发现，该厂区内办公楼旁的绿地上有 15 个已被砍伐的树桩。经执法人员现场测量显示，树桩高约 10 厘米，胸径约 15 厘米，每个树桩间距约 2 米，被砍伐的树木枝干已被该公司搬离处理完毕。现场调查中，该公司负责人向执法人员陈述，该公司办公楼旁的树木长势茂盛，影响采光，遂自行组织人员对该片区域种植的 15 株八月桂进行砍伐，未到相关部门办理许可手续。

为进一步查清案件事实，确认受损树木损失价值，执法局委托专业资产评估机构对被砍伐树木的品种、胸径、价值进行鉴定。评估机构经对砍伐的树桩进行专业对比分析后，确定被砍树木品种均为八月桂，砍伐数量为 15 株，树木胸径均约 15 厘米，并出具评估鉴定报告。

执法局根据《××市园林绿化条例》第三十三条第三款，结合《××市规范行政执法自由裁量权实施办法》的相关规定，鉴于当事人建机公司系初次违法，对其作出罚款 24000 元的行政处罚决定，当事人缴纳罚款，案件办结。

三、案件分析

（一）违法现场已被破坏，应当通过多种手段确定违法事实

当事人擅自砍伐厂区内绿化树木，具有隐秘性，违法行为没有得到及时发现。待现场调查时，被砍伐的树木已被清运处理完毕，现场仅有被砍伐树木的残留树桩。执法人员通过询问、走访、查看监控等方法，结合违法现场，认定违法事实及违法主体。对于树木的

基本情况，可以委托专业鉴定机构或园林绿化部门对残留树桩进行鉴定分析，以确定被砍伐树木品种、树木价值。

（二）砍伐厂区内自己种的树木需要取得批准手续

根据《××市园林绿化条例》第二十四条第二款第一项和第四款的规定，当事人因树木生长严重影响其采光、通风，需要修剪树木的，应按照上述规定在三个工作日内向所在地园林绿化主管部门报备。如果确有必要砍伐树木的，应该根据《××市园林绿化条例》第二十八条第二款的规定，向所在地园林绿化管理部门申请批准。

四、案件启示

目前，我国的绿化覆盖率和人均绿地占有率还比较低，保护绿化，保护树木，是生态文明的应有之义，人人有责。个人、单位即使砍伐自己的树木，也要申请园林绿化主管部门批准；未经批准擅自砍伐的，构成违法，应当承担法律责任。

五、法律条款

《××市园林绿化条例》第二十四条第二款第一项　管理养护责任人应当定期检查树木生长情况。有下列情形之一的，应当按照兼顾公共安全和树木正常生长的原则及时组织修剪：

（一）因树木生长严重影响他人采光、通风，且利害关系人提出修剪要求的。

第二十四条第四款　因前款事由砍伐树木的，应当在三个工作日内报告园林绿化主管部门。

第二十八条　禁止擅自砍伐园林绿地上的树木。

下列树木，按照本条例第二十七条的规定报批后可以砍伐：

（一）已经死亡的；

（二）存在危及公共安全隐患的；

（三）发生检疫性病虫害或者其他严重病虫害的。

第三十三条第三款　违反本条例第二十七条第一款或者第二十八条第一款规定，擅自移植或者砍伐树木的，由城市管理综合行政执法部门责令赔偿损失，并处赔偿金额一倍以上两倍以下的罚款。

案例 12　损毁花坛案

一、案例要点

执法机关应当高效、多种途径全面收集证据,形成完整的证据链,确认违法事实。

二、案情介绍

2019年3月23日14时,某市某区综合行政执法局(以下简称执法局)接到某园林艺术中心(以下简称艺术中心)举报,某小区门前一处绿化花坛设施已遭损毁。随后,派执法人员立即前往核实。

执法人员现场勘查确认:原位于该小区南门外人行道上的一处花坛设施,连同花坛内植物均已被铲除,现场只遗留有原花坛设施及植物被铲除后从底部裸露出的硬质路面。执法人员根据现场遗留痕迹对原花坛设施的占地面积进行测量,经测算,原花坛设施长19.76米,宽7.215米,占地面积142.5平方米。由于执法人员到达现场时,铲除作业已经实施完毕,现场已找不到施工人员,无法直接确认涉案铲除作业的实施主体。执法人员通过走访周边商户和单位,调阅某银行某路支行的监控视频,先后对艺术中心绿化养护及巡护员、铲车所属工程公司及驾驶人员、小区业主、小区物业管理公司(以下简称物业公司)等多方调查询问,最终确认系物业公司于3月21日晚雇用铲车将涉案花坛铲除,并安排五小工程车对铲除施工产生的建筑垃圾进行了清运。4月23日,执法局立案调查。经查,小区及其周边当时并无新升级改造、地下管线施工等临时占用城市绿地的正当性事由。当事人物业公司铲除涉案花坛设施的行为,违反了《××市城市绿化条例》第二十五条第三项关于禁止损毁草坪、花坛或者绿篱的规定。7月9日,执法局向当事人送达了《行政处罚告知书》,告知当事人享有的陈述、申辩及听证的权利,当事人在规定期限内未进行陈述、申辩,亦未申请听证,视为放弃上述权利。鉴于当事人损毁花坛面积较大,花坛内的绿植被全部损毁,违法情节严重,且该违法行为被周边群众反复举报,社会影响较为恶劣,执法局依据《××市城市绿化条例》第五十一条第二款的规定,作出从重罚款人民币2万元的行政处罚决定。7月23日,执法局向当事人送达了《行政处罚决定书》。同时,告知当事人还应当承担赔偿花坛所有权人经济损失的民事责任。由于涉案花坛设施位于某小区建筑区划内,系该小区业主自行建设,属于小区业主共有,是否恢复该处花坛,由业主取得赔偿后自治决定，依照法律规定办理。7月25日，当事人依法缴纳了罚款，案件办结。

三、案件分析

本案难点在于案件基本事实无从直接得知，违法行为的实施主体、实施时间难以确认。执法人员介入调查时，损毁涉案花坛设施的铲除作业已经实施完毕，原花坛设施不复存在，施工及清运人员也早已离开现场，现场只遗留原花坛设施被铲除后裸露出来的底部痕迹。执法人员只能据此测算出原花坛设施的占地面积，本案缺少证明案件事实的证据，执法人员通过走访有关部门、询问有关人员、查阅档案资料等多种方式，形成完整的证据链，证明本案的关键事实。

为了查明涉案花坛设施的所有权归属和铲除涉案花坛设施行为的实施主体，执法人员至市城市建设档案馆，查阅了某小区的规划竣工图纸，确认涉案花坛设施所在位置位于小区规划红线范围内，但在小区规划竣工图纸上对该处花坛并无标注。执法人员向艺术中心及巡护员、小区业主委员会调查，并经多名业主指认得知，涉案花坛设施是小区成立初期，业主委员会出于美观考虑自主决定建设，未经过规划部门批准，不属于城市公共绿化设施，里面种植的均为普通花草，没有名贵植物。业主委员会没有就铲除该处花坛形成决议，也没有授权物业公司实施铲除该处花坛的行为。

执法人员对小区业主委员会、物业公司、涉案花坛设施所在道路的附近商户分别进行调查询问，各方均否认实施过铲除涉案花坛设施的行为。执法人员通过走访周边商户和单位，调阅了监控视频，确认案发时间为3月21日晚，执法人员通过向公安机关查询作业的铲车车辆信息，对该工程公司和当日出车驾驶人员调查。工程公司承认当日受物业公司的委托实施了损毁花坛行为。执法人员从该工程公司工作人员处调取了物业公司派驻某小区负责人白某向其支付工程款的微信转账记录。经查，白某当日亦出现在案发现场。

2019年5月15日，执法人员再次对物业公司进行调查询问，向白某出示了前期调取的监控视频、微信转账记录截图等证据。白某承认，当晚其在现场指挥，与银行监控视频显示的内容一致。白某陈述，物业公司为便于小区内停车秩序管理，欲利用该处花坛空间增设停车位供小区业主使用，事先未取得小区业主表决同意，找到工程公司由该公司安排铲车铲除涉案花坛设施。白某向执法人员出示了其与工程公司工作人员的微信聊天记录，与执法人员从工程公司工作人员处调取的白某向其支付工程款的微信转账记录完全吻合。至此案件事实查清。

四、案件启示

（一）行政处罚案件应当全面收集证据

行政处罚证据包括能够证明行政违法案件真实情况的材料，证明行政处罚行为具有法律依据的材料，证明是否给予从重、从轻、减轻、免除行政处罚的材料，还包括行政相对人、利害关系人提供的能够证明案件事实的材料及行政机关主动收集的材料。这要求行政处罚证据收集不局限于现场，而且要向案件当事人、利害关系人、证人、相关主管部门等各方调取证据。

（二）行政处罚证据收集应当注重时效性

行政违法行为的发生具有随机性、常发性、瞬时性等特点，而证据作为一种客观存在，如现场痕迹、监控视频等，具有时效性，有可能随着时间的流逝而灭失，如果不在违法行为发生之后及时收集证据，可能导致证据以后难以取得。《行政处罚法》（2017版）第二十九条规定了处罚时效，旨在督促行政机关积极履行办案职责，提高取证效率。

五、法律规定

1.《行政处罚法》（2017版）

第二十三条　行政机关实施行政处罚时，应当责令当事人改正或者限期改正违法行为。

第二十九条　违法行为在二年内未被发现的，不再给予行政处罚。法律另有规定的除外。

前款规定的期限，从违法行为发生之日起计算；违法行为有连续或者继续状态的，从行为终了之日起计算。

2.《物权法》❶

第七十三条　建筑区划内的道路，属于业主共有，但属于城镇公共道路的除外。建筑区划内的绿地，属于业主共有，但属于城镇公共绿地或者明示属于个人的除外。建筑区划内的其他公共场所、公用设施和物业服务用房，属于业主共有。

第七十六条第一款第六项、第七项下列事项由业主共同决定：

（六）改建、重建建筑物及其附属设施；

（七）有关共有和共同管理权利的其他重大事项。

第七十六条　第二款决定前款第五项和第六项规定的事项，应当经专有部分占建筑物总面积三分之二以上的业主且占总人数三分之二以上的业主同意。决定前款其他事项，应当经专有部分占建筑物总面积过半数的业主且占总人数过半数的业主同意。

3.《××市城市绿化条例》

第二十一条　城市绿地的绿化保护和管理责任按照下列规定确定：

---

❶　2020年5月28日，十三届全国人大三次会议表决通过了《中华人民共和国民法典》，自2021年1月1日起施行。《中华人民共和国物权法》同时废止。

（一）政府投资建设的城市绿地，由绿化行政主管部门或者其委托的单位负责；

（二）单位附属绿地及其管界内的防护绿地，由该单位负责；

（三）生产绿地由其经营单位负责；

（四）居住区绿地，实行物业管理的，由物业服务企业按照约定负责；未实行物业管理的，由镇人民政府（街道办事处）负责；

（五）建设工程范围内保留的绿地，在建设期间由建设单位负责；

（六）简易绿化的绿地，由土地使用权人或者建设单位负责。

前款规定以外的绿化保护管理责任不清或者有争议的，由所在地区绿化行政主管部门确定。

保护管理主体发生变更的，应当办理变更移交手续。移交手续办理完毕前，由原保护管理责任人负责。

第二十五条第三项 禁止下列损害城市绿化行为：

（三）损毁草坪、花坛或者绿篱。

第二十六条第一款 因城市建设需要临时占用绿地的，建设单位应当征求所有权人意见，并经绿化行政主管部门批准，按照有关规定办理临时用地手续；临时占用城市绿地需要移植树木的，应当一并申请。

第五十一条第二款 违反本条例第二十五条第三项至第八项规定的，由绿化行政主管部门责令停止侵害，恢复原状，赔偿损失，并处以五百元以上五千元以下罚款；情节严重的，处以五千元以上二万元以下罚款。

案例 13　损毁绿地案

一、案件要点

办理行政处罚案件，应当以事实为依据，确保违法事实确认；如无明确证据证明因当事人违法行为而造成损失的，应当作有利于当事人的推定。

二、案情介绍

2022年7月11日8时10分，某区综合行政执法局（以下简称执法局）执法人员巡查发现，某物流公司厂区西侧路边围栏新设置一个缺口，与之相邻城市道路间的绿化带内垫铺了石子用于车辆通行，导致部分绿地损毁。经执法人员走访调查，初步确认系当事人某物流公司所为。经现场勘查：被损毁的绿地长5.8米、宽4.5米，共计26.1平方米。执法人员现场向当事人送达《责令改正（停止）违法行为通知书》，要求限期改正违法行为。

立案后，执法人员进一步查明：当事人从另一公司承租厂房用于生产经营，租用时未考虑到厂区内大型运输车辆无法调头这一情况，为方便车辆进出，在未取得相关部门审批的情况下，擅自将厂区西侧围栏设置一个缺口，损毁部分绿地。当事人的违法行为有现场检查笔录、现场照片、调查询问笔录、身份证复印件等证据证实。调查终结后，执法局依法先后向当事人送达了《行政处罚事先告知书》《行政处罚决定书》。8月24日，当事人到园林部门缴纳罚款3132元后，案件办结。

三、案件分析

（一）既听取主管部门意见，又听取当事人意见

执法人员在取证过程中，专门邀请园林主管部门的工作人员到现场会办。园林主管部门的工作人员认为，通过此路段的种植规律和植株间的距离判断，垫铺石子处缺少一棵树木，草坪已经全部损毁。而当事人认为，垫铺石子处原来就没有用于绿化的树木花草，所以才选这个地方开缺口进出，不存在损毁树木和草坪的情况。

（二）应当根据行政诉讼证据规则对事实作出认定

违法事实认定方面存在两个问题：一是案发现场是否有一棵树木被损毁；二是案发现场是否有草坪。针对问题一，执法人员查阅园林部门提供的相关资料，虽然有记载，但内容不详细，无法判断此处是否有树木，园林部门关于此处存在树木的意见证据不足，从有利于当事人的原则考虑，采纳当事人的主张；针对问题二，当事人称此处原来没有草坪，但执法人员现场清理垫铺的石子后，在车辆行驶痕迹外侧可见枯萎的草坪植株，所以对当事人的主张不予采纳。

四、案件启示

近年来，城市损绿毁绿现象时有发生，执法人员在办理此类案件时应当注意把握以下四个方面问题：

（一）及时快速取证

查处损绿毁绿案件存在取证难、执行难两大问题。由于当事人的破坏绿化行为往往时间短，而且大多在夜间，目击证人少，造成执法部门难以取证，即使发现有嫌疑的当事人，如其拒不承认，也很难调查取证。因此，发现违法行为后要及时固定现场证据，为后续高效依法处置提供基础保障。

（二）把握好绿化案件的罚款标准

绿化处罚案件所适用的依据是《城市绿化条例》及其他规定。由于现实生活中树木花草的价格差别很大，如果法律规定是按照绿化损失费的倍数来确定罚款数额，需要由绿化主管部门或者具备资质的第三方机构对绿化损失费作出评估。

（三）处罚案件不能仅限于罚款

执法局不能简单地对违法行为"一罚了之"，还需要注意与主管部门密切配合，保障城市绿化率。一旦发生绿化及设施被损坏，要分赔偿费和处罚费两类。城市绿化及其设施造成损失的，当事人应当负赔偿责任，同时遵循"补植与赔偿以补植为主"的原则，无法进行补植的，按照规定赔偿绿化费。应当按照"先赔偿后处罚"的原则进行处理，不得以罚代赔。

（四）加强普法宣传与查处力度

城市绿化不仅可以美化环境、净化空气，还是城市道路安全设施的重要部分。执法机关要按照"谁执法、谁普法"的要求，积极引导市民树立爱护绿化意识和守法意识，杜绝损毁绿化行为的发生。同时，提高巡查频次，鼓励市民群众积极举报，形成群防群治的工作格局。对已作出处罚决定的损绿毁绿案件，当事人拒不履行的，应当依法申请人民法院强制执行，并在适当范围内曝光典型案例。损毁绿化价值较大可能构成犯罪的，依法移送公安机关处理。

五、法律条款

1.《城市绿化条例》第二十条第一款　任何单位和个人都不得损坏城市树木花草和绿化设施。

第二十六条第一项　违反本条例规定，有下列行为之一的，由城市人民政府城市绿化行政主管部门或者其授权的单位责令停止侵害，可以并处罚款；造成损失的，应当负赔偿责任；应当给予治安管理处罚的，依照《中华人民共和国治安管理处罚法》的有关规定处罚；构成犯罪的，依法追究刑事责任：

（一）损坏城市树木花草的。

2.《××市市容管理条例》第二十二条第一款第三项　在城市道路绿化带内禁止下列行为：

（三）攀折花木，损毁绿地……

第二十二条第二款　违反前款第三项、第四项规定的，由城市管理行政执法部门责令停止侵害，可以处损失费一倍以上五倍以下罚款。

3.《××市城市绿化赔偿补偿办法》

第六条第一款第二项　有下列情形之一、造成损失的，应当按规定承担绿化赔偿责任：

（二）损坏城市树木花草。

案例 14 擅自挖掘城市道路案

一、案例要点

城市道路范围内禁止擅自占用或者挖掘城市道路。开设临时道口的审批材料不能替代挖掘道路的审批材料。

二、案情介绍

2016年7月，某市某区综合行政执法局（以下简称执法局）接到该区市政工程管理所双向告知单：反映瑞×路（鹤×路—剑×路）西侧处，有无证擅自挖掘城市道路现象，开设了多处车辆出入口，导致道路设施遭受损坏，严重影响交通安全，极易发生安全隐患，希望尽快查处。

7月15日13时53分，执法人员至现场调查。经查，现场共有3处出入道口，沿瑞×路西侧，由南向北分布，开设道口处人行道都出现缺口，缺口处铺设材料与人行道铺设材料不一致。道口1铺设黑色沥青，面积约9.2平方米；道口2铺设混凝土，面积约11.96平方米；道口3铺设黑色沥青，面积约11.5平方米；某建筑集团有限公司（以下简称建筑公司）为施工实施单位，工作人员唐某在场。

7月18日，当事人建筑公司委托唐某前来处理在涉案路段开设车辆出入道口的事宜，谈话期间提交了一份由区规土局出具的一处临时道口开设审批资料，对7月15日执法人员现场检查的情况予以确认，现场共涉及3处道口，另2处无法提供规划审批手续。

同日，执法人员前往区市政工程管理所核实有关情况，该所有关负责人确认现场检查的情况，并明确该所没有收到涉案开设多处车辆出入道口的需挖掘该路段的行政许可申请，明确该条道路属于城市道路次干路，并提出相关整改要求。执法人员向当事人送达《责令改正通知书》，责令当事人于7月25日16时前按区市政工程管理所的要求进行改正。

7月25日19时18分，执法人员对当事人改正情况进行复查，当事人未按要求在规定时间内进行改正。

7月26日11时30分，执法人员与当事人委托代理人唐某再次进行谈话询问。唐某承认涉案路段开设车辆出入道口没有进行挖掘道路行政审批，未按要求进行改正的事实，无法提交后续进行改正的时间表，但承诺一定会按市政管理部门的要求进行改正。

8月9日，执法局依法送达《行政处罚决定书》，作出罚款2万元的行政处罚决定，当事人按照规定缴纳罚款。10月18日，当事人对涉案路段进行修复。10月30日，经区市政工程管理所确认修复符合要求，案件办结。

三、案件分析

（一）事实必须清晰

执法人员对违法现场进行检查，拍照取证，制作现场检查笔录、询问笔录等有关文书，固定证据。全面客观地反映出违法行为实施的整个过程和所处的状态，将该违法行为定性为擅自挖掘城市道路，处理过程中还对违法当事人整改后的现场进行了复核，为最后的处理提供了有力的依据。

（二）法规必须正确

从现场的调查取证、对当事人的询问，执法人员将该违法行为定性为擅自挖掘城市道路，该行为违反了《城市道路管理条例》第二十七条第一项的规定，由于《××市城市道路管理条例》对擅自挖掘城市道路的违法行为没有处罚条款，执法人员依据《城市道路管理条例》第四十二条的规定对当事人处以罚款。

（三）处罚必须适当

自由裁量权的准确使用是确保行政主体对行政相对人作出的处罚决定合法合理。本案中，挖掘现场位于次干路，挖掘面积在10平方米以上。依据《××市城市管理行政执法行政处罚裁量基准》的规定，行为发生地为次干路或者支路，挖掘面积在10平方米以上，应处5000元以上1万元以下的罚款。由于当事人未按要求整改的，浮动到较重一个幅度处罚（处1万元以上2万元以下的罚款），在最高处罚幅度内的按上限处罚。执法人员按照上限对当事人作出罚款2万元的行政处罚决定。

四、案件启示

（一）加大擅自挖掘城市道路的监管和查处力度

擅自挖掘城市道路破坏了道路，严重影响了车辆、行人的出行安全，应当对这种违法行为严厉处罚。同时执法人员应当对有挖掘城市道路审批手续的单位或者个人加强监管，要求其按批准的区域、范围、用途、时限进行挖掘。挖掘现场应当设置护栏、明显标志等安全防护设施，施工完毕后，应当按照规定及时回填夯实，并清除余土剩物。

(二)查处挖掘城市道路的行为,要"快、准、稳"

发现违法行为后,第一时间要固定现场证据,由于挖掘城市道路施工工期较短,对快速办案提高了要求。发现违法行为后,第一时间要固定现场证据,然后依法行政,做到处置有理、有力、有节。

五、法律条款

《城市道路管理条例》第二十七条第一项 城市道路范围内禁止下列行为:

(一)擅自占用或者挖掘城市道路。

第四十二条 违反本条例第二十七条规定,或者有下列行为之一的,由市政工程行政主管部门或者其他有关部门责令限期改正,可以处以2万元以下的罚款;造成损失的,应当依法承担赔偿责任。

(一)未对设在城市道路上的各种管线的检查井、箱盖或者城市道路附属设施的缺损及时补缺或者修复的;

(二)未在城市道路施工现场设置明显标志和安全防围设施的;

(三)占用城市道路期满或者挖掘城市道路后,不及时清理现场的;

(四)依附于城市道路建设各种管线、杆线等设施,不按照规定办理批准手续的;

(五)紧急抢修埋设在城市道路下的管线,不按照规定补办批准手续的;

(六)未按照批准的位置、面积、期限占用或者挖掘城市道路,或者需要移动位置、扩大面积、延长时间,未提前办理变更审批手续的。

案例 15　施工单位未在城市道路施工现场设置明显标志案

一、案例要点

施工单位在施工作业期间负有安全提示和消除安全隐患的义务，执法机关查处没有明显标志违法行为，切实保障公民人身和财产安全。

二、案情介绍

2022年7月20日10时，某市综合行政执法局（以下简称执法局）执法人员在巡查中发现，某道路施工现场设置了安全防围设施，但未设置安全警示标志。执法人员向某公司现场施工负责人李某出示执法证件，告知其施工现场应当按照相关要求设置安全警示标志，并依法查看道路挖掘许可证。李某称已办理挖掘道路手续，但未携带。执法人员进行拍照、摄像，测量占路施工面积，并制作了《现场检查（勘验）笔录》，李某签字确认。因未设置安全警示标志，存在严重安全隐患，执法人员当场送达《责令改正通知书》，责令其立即整改。

7月28日，执法人员依法对当事人进行立案调查。8月9日，执法局依据《城市道路管理条例》规定，结合《××市城市管理行政处罚自由裁量基准》的相关规定，对当事人作出罚款4900元的行政处罚，次日当事人依法缴纳罚款。

三、案件分析

（一）施工现场应当设置安全警示标志

根据《安全标志及其使用导则》（GB 2894—2008），安全标志是用以表达特定安全信息的标志，由图形符号、安全色、几何形状（边框）或文字构成。道路施工标志属于交通警示标志的一种，用以告示路人前方施工，要减速慢行或绕行。此标志应放置在施工区域前方适当的位置，以给机动车或者行人提供充足的时间发现标志，以及采取安全规避动作。本案当事人未设置安全警示标志，道路通行存在安全隐患。

(二)违法主体的认定

经调查,建设单位、中标单位、实际施工单位各不相同。中标单位与实际施工单位签订了《拆除及土石方施工协议》,该协议明确约定"施工单位应当做好安全文明施工,确保工地及周边人员的安全"。因此,执法人员认定实际施工单位为本案的违法主体,依法承担未设置安全警示标志的主体责任。

(三)裁量适当,过罚相当

本案中,执法机关考虑违法行为未造成实际损失,且当事人积极配合调查并及时改正违法行为,结合《××市城市管理行政处罚自由裁量基准》的相关规定作出行政处罚决定,与当事人违法行为的事实、性质、情节及社会危害程度相当。

四、案件启示

施工现场设置安全警示标志是为了提醒行人和车辆注意安全,是涉及群众出行安全的大事。因此,施工现场设置明显标志,做好安全防护措施,维持文明施工秩序,这是每个施工单位必须遵守的"既定法则"。执法机关对此类违法行为的查处,能够有效保护公民人身和财产安全。

五、法律条款

1.《城市道路管理条例》第二十四条 城市道路的养护、维修工程应当按照规定的期限修复竣工,并在养护、维修工程施工现场设置明显标志和安全防围设施,保障行人和交通车辆安全。

第三十五条 经批准挖掘城市道路的,应当在施工现场设置明显标志和安全防围设施;竣工后,应当及时清理现场,通知市政工程行政主管部门检查验收。

第四十二条第二项 违反本条例第二十七条规定,或者有下列行为之一的,由市政工程行政主管部门或者其他有关部门责令限期改正,可以处以2万元以下的罚款;造成损失的,应当依法承担赔偿责任:

(二)未在城市道路施工现场设置明显标志和安全防围设施的。

2.《道路交通安全法》第一百零五条 道路施工作业或者道路出现损毁,未及时设置警示标志、未采取防护措施,或者应当设置交通信号灯、交通标志、交通标线而没有设置或者应当及时变更交通信号灯、交通标志、交通标线而没有及时变更,致使通行的人员、车辆及其他财产遭受损失的,负有相关职责的单位应当依法承担赔偿责任。

3.《民法典》第一千二百五十八条 在公共场所或者道路上挖掘、修缮安装地下设施等造成他人损害,施工人不能证明已经设置明显标志和采取安全措施的,应当承担侵权责任。

案例 16　履带车违规上路案

一、案例要点

执法机关采用非现场执法的执法方式,通过视频监控设备、国家企业信用信息公示系统等信息化手段,固定证据,锁定违法当事人,破解调查取证难题,查处违法行为,提高了执法效能。

二、案情介绍

2022年4月8日,某市某新区综合行政执法局(以下简称执法局)接到12345举报,反映当日上午某街道某路南化新一村附近有履带车将路面压坏。执法人员积极探索"非现场执法"模式,通过国家企业信用信息公示系统、信息化监管系统、部门信息共享等渠道,很快锁定涉案单位为某工程机械维修有限公司(以下简称机械维修公司),获取该公司的相关信息,并在违法行为发生地附近找到涉案履带车辆,确定违法事实。

经查,当事人机械维修公司的履带车擅自在城市道路上行驶的行为违反《城市道路管理条例》第二十七条第二项的规定,依据《城市道路管理条例》第四十二条的规定,结合《××市城市管理行政处罚自由裁量权基准》第一百六十六条,执法局对其作出罚款人民币2000元整的行政处罚决定。当事人在收到行政处罚决定书后按时缴纳了罚款,并在执法人员的帮助下主动联系和委托市政管养部门对损坏路面进行修复,当事人承担修复费用,案件办结。

三、案件分析

本案的重点和亮点都在于非现场调查取证。执法人员在受理该案件时,只有举报人拍摄、12345平台转来的照片1张,执法人员赶到现场时,履带车已不见踪影,违法行为的实施主体、涉案履带车的自然信息、违法行为的情节等,都需要进一步的调查。执法人员积极探索非现场执法,充分运用视频监控、信息平台等信息技术手段,固定违法事实证据,拓宽证据来源,将现代科技和信息技术手段融入执法办案中。

（一）调查确定违法行为的实施主体

从举报人提供的照片上可以看到涉案履带车所挂车牌为"场内苏×××"，不是公安交管部门统一制发的车辆大牌。经了解得知，履带车属于特种车辆，在投入使用前需要检验合格并向当地特种设备监管部门市场监管局进行使用登记。

随后执法人员来到某市场监督管理局某分局，在分局工作人员的协助下，登录"全国特种设备公示信息查询平台"，查到该履带车的登记使用单位为某机械维修公司，初步确定违法主体。同时执法人员登录国家企业信用信息公示系统，查阅记录该公司的注册地址等营业执照信息及法定代表人联系电话。

（二）调查认定违法行为的事实及情节

4月8日14时20分，执法人员接到举报赶到现场后，发现某路路面上确有履带印迹，长达150米。经现场勘查，发现履带印迹两端履带印并不连贯，不能指引车辆行迹。

执法人员来到属地派出所，在派出所民警的协助下，通过某市公安视频监控系统，发现履带车是于4月8日10时30分左右自毕洼路驶入该路的，驶入后就再也没有出现在周边各路口的监控记录中。执法人员由此判断涉案履带车没有离开，仍在该路两侧的小区或单位院落内。

执法人员找到属地社区，在网格员的配合下，沿该路逐户检查走访，最后在该路一家机械维修厂内发现涉案车辆。执法人员在维修厂查阅了维修登记记录，确认该履带车登记的送修单位为某机械维修公司。执法人员遂联系该公司的法定代表人和维修经办人。经查：涉案履带车属于该公司，是送到这家维修厂维修的。4月8日上午，为了节省成本，货车将履带车送至该路口后，维修厂没有安排货车接驳，直接让驾驶员驾驶履带车驶入维修厂，造成路面损坏150米。

四、案件启示

（一）主动跨前一步，加大普法宣传力度

履带车、铁轮车等特种车辆极易造成路面裂痕、表层破损，缩短城市道路使用年限，增加维护成本。相关使用单位不能为图方便，在未采取任何防护措施的情况下，擅自让履带挖掘机等特殊机具在道路上行驶损坏道路，应当自觉采取有效防护措施，采用专门托运的车辆运输履带车，维护公共道路的安全与畅通。

执法人员在加大对施工场地、重型机械维修企业等周边违规行为易发区域的巡查力度的同时，要主动跨前一步，强化普法宣传力度，可以通过市场监督管理局特种设备监管部门登记的特种车辆信息，组织特种车辆所有权单位及使用单位集中培训，以案释法，宣传城市道路设施管理法律法规，告知城市道路范围内的禁止行为，以及违反规定后应当承担的法律责任，从源头遏制杜绝损坏城市道路设施行为的发生。

（二）强化科技赋能，推进非现场执法

损坏城市道路设施等违法行为，许多都事发突然，办案往往溯源难、取证难。执法部门应当依托数字化管理平台，打造智慧监管系统，利用智能化平台、大数据分析等技术手段，建立线上巡查机制，严厉打击损坏城市道路设施的违法行为；同时，要加强与公安交警、市场监管、建设等部门间的信息共享，建立健全执法监管对象数据库，接入公共视频资源，为"非现场执法"提供支撑。

五、法律条款

《城市道路管理条例》第二十七条第二项　城市道路范围内禁止下列行为：

（二）履带车、铁轮车或者超重、超高、超长车辆擅自在城市道路上行驶。

第四十二条　违反本条例第二十七条规定，或者有下列行为之一的，由市政工程行政主管部门或者其他有关部门责令限期改正，可以处以2万元以下的罚款；造成损失的，应当依法承担赔偿责任。

（一）未对设在城市道路上的各种管线的检查井、箱盖或者城市道路附属设施的缺损及时补缺或者修复的；

（二）未在城市道路施工现场设置明显标志和安全防围设施的；

（三）占用城市道路期满或者挖掘城市道路后，不及时清理现场的；

（四）依附于城市道路建设各种管线、杆线等设施，不按照规定办理批准手续的；

（五）紧急抢修埋设在城市道路下的管线，不按照规定补办批准手续的；

（六）未按照批准的位置、面积、期限占用或者挖掘城市道路，或者需要移动位置、扩大面积、延长时间，未提前办理变更审批手续的。

案例 17　违法分包案

一、案例要点

违法分包行为本身具有较强隐蔽性，需要结合《建筑工程施工发包与承包违法行为认定查处管理办法》第十二条予以认定，而作为行政处罚基础的涉案工程合同价款和违法所得需要结合违法主体、建设工程施工合同及结算价款等因素综合判断。构建民事司法与行政执法衔接联动工作机制，可以成为建设工程领域打击违法分包等违法行为的有效路径。

二、案情介绍

2020年9月23日，某区人民法院通过建设主管部门向某区综合行政执法局（以下简称执法局）移交某建设工程有限公司涉嫌违法分包线索。案件调查过程中，当事人拒绝配合调查工作，且违法分包对象为个人，案件调查取证困难。执法局商请人民法院调取黄某与当事人分包合同纠纷一案诉讼证据材料。

经查，某主体工程系当事人通过招标投标方式从某集团公司分包而来。2018年6月，当事人口头约定将某主体工程中的木工支模、拆模板、脚手架搭拆、混凝土浇筑、保养等项目交于黄某班组施工。当事人的上述行为违反了《建设工程质量管理条例》第二十五条第三款的规定，执法局依据《建设工程质量管理条例》第六十二条的规定，对当事人违法分包行为作出罚款10240元的处罚决定。

因当事人在法定期限内拒不履行相关行政处罚决定，执法局依法申请人民法院强制执行，法院最终裁定准予强制执行，案件办结。

三、案件分析

（一）准确认定违法分包行为

住房和城乡建设部颁布的《建筑工程施工发包与承包违法行为认定查处管理办法》第十二条规定："存在下列情形之一的，属于违法分包：（一）承包单位将其承包的工程分包给个人的；（二）施工总承包单位或专业承包单位将工程分包给不具备相应资质单位的……"当事人在某主体工程施工过程中,将部分劳务工程交由不具有资质的黄某班组施工,明显违反了上述规定。所以,当事人构成违法分包行为。

(二)准确认定违法分包案件中的涉案工程合同价款

根据《建设工程质量管理条例》的相关规定,对施工单位罚款以工程合同价款为基数。工程合同价款一般按照如下方式确定:若发包人与承包人签订了书面合同,则工程合同价款以书面合同为准;若发包人与承包人未签订书面合同,但已进行结算的,则以结算价款为准;若发包人与承包人既未签订书面合同,又未进行结算,一般以第三方的造价鉴定为准。本案中,人民法院直接在生效判决书中认定当事人与黄某班组已就涉案劳务工程办理结算,结算价为128万元,可直接适用该结算价。

(三)准确认定违法分包案件中的违法所得

《建设工程质量管理条例》第六十二条规定:"违反本条例规定,承包单位将承包的工程转包或者违法分包的,责令改正,没收违法所得……"在司法实践中,人民法院在认定违法所得范畴时,多指向承包人向实际施工人所收取的管理费。经调查核实,在本案中当事人并未收取管理费,所以当事人在本案中并不存在违法所得。

四、案件启示

在本案中,执法局牵头建立起高效运转的司法与执法衔接联动机制,破解实际运行中存在的移送链条不畅、沟通衔接不足等具体问题。

(一)确立人民法院向行政主管部门移交处理,主管部门再视情节向执法部门移交违法线索的移送规则

违法线索首先移交住房城乡建设主管部门,能够充分发挥主管部门懂政策、专业强的优势,避免综合执法部门直接接收线索反复磋商调查,同时可以运用信用监管等多元化手段予以惩戒,弥补执法部门相对单一的行政处罚方式。司法机关、行政主管部门和执法部门三方移交方式既符合当前的组织架构和政策体系,又进一步厘清了行政管理和行政执法的边界。

(二)确定法院主动提供关键证据和证据线索,与行政主管部门提供技术支撑相结合的证据采集模式

工程建设领域违法转、分包行为存在证据收集难、当事人不配合等执法难点,此案办理过程中,司法机关主动将当事人提交的涉嫌违法转、分包证据材料随案移送,行政主管部门提供专业技术支撑,执法部门补充完善证据链。此种证据采集模式,极大提高了违法

转分包行为案件证据获取针对性、准确性和及时性，推动案件及时有效查处。

（三）形成行政执法部门基于会商机制综合运用裁量基准的经验

鉴于涉案工程项目系涉及公共利益、公共安全的重大项目，执法部门在作出处罚决定前，充分听取行政主管部门的意见，考量违法事实、社会影响和危害后果等因素，结合相关行政处罚裁量基准使用规定和标准，实现"过罚相当"。

（四）构建执法部门同时向行政主管部门、法院反馈移交案件处理结果的机制

为促进建筑业良性健康发展，推动形成工程建设领域共建共治格局，执法部门在作出处罚决定后，应当及时向行政主管部门、法院反馈违法案件的查处情况，实现信息畅通和衔接机制的闭环管理。

（五）强化释法说理工作，主动追求案结事了的工作目标

法院移交案件中，当事人多次参与诉讼审理程序，往往具备一定法律素养，对此执法部门进一步强化释法说理的运用，将其融入执法全过程，并利用"说理式"文书充分阐明违法分包行为的危害性，促使当事人认可行政处罚决定。

五、法律条款

1.《建设工程质量管理条例》第二十五条第三款　施工单位不得转包或者违法分包工程。

第六十二条第一款　违反本条例规定，承包单位将承包的工程转包或者违法分包的，责令改正，没收违法所得，对勘察、设计单位处合同约定的勘察费、设计费25％以上50％以下的罚款；对施工单位处工程合同价款0.5％以上1％以下的罚款；可以责令停业整顿，降低资质等级；情节严重的，吊销资质证书。

2.《建筑工程施工发包与承包违法行为认定查处管理办法》第十二条　存在下列情形之一的，属于违法分包：

（一）承包单位将其承包的工程分包给个人的；

（二）施工总承包单位或专业承包单位将工程分包给不具备相应资质单位的；

（三）施工总承包单位将施工总承包合同范围内工程主体结构的施工分包给其他单位的，钢结构工程除外；

（四）专业分包单位将其承包的专业工程中非劳务作业部分再分包的；

（五）专业作业承包人将其承包的劳务再分包的；

（六）专业作业承包人除计取劳务作业费用外，还计取主要建筑材料款和大中型施工机械设备、主要周转材料费用的。

案例 18　以欺骗手段取得建筑业企业资质案

一、案例要点

在不同时间分别通过不正当手段获取不同资质的违法行为，查处时应当结合取得资质行为之间的关联性、延续性、追诉期限以及过罚相当的原则进行综合考虑。

二、案情介绍

2021年8月28日，某市城市管理综合行政执法局（以下简称执法局）收到市住房和城乡建设局（以下简称市住建局）移交的某建筑公司涉嫌以欺骗手段取得建筑业企业资质案件线索。经执法局商请该市多个区住房和城乡建设局（以下简称区住建局）、生态环境局协助查明，当事人建筑公司在2018年、2020年申请环保工程专业承包三级资质、建筑机电安装工程专业承包三级资质、城市及道路照明工程专业承包三级资质过程中，提交的技术负责人基本情况及业绩表造假，涉嫌以欺骗手段取得建筑业企业资质。

当事人的行为违反了《建筑业企业资质管理规定》第二十九条第二款的规定，执法局依据《建筑业企业资质管理规定》第三十六条，《行政许可法》第六十九条第二款、第七十九条的规定，责令当事人纠正违法行为，罚款3万元，并建议行政主管部门撤销其取得的三项承包资质。当事人按期缴纳罚款，案件办结。

三、案件分析

（一）准确认定违法行为次数

当事人采用欺骗手段于2018年、2020年先后取得三项承包资质，并体现在同一个资质证书上。三个资质是分别申请的，且互不关联。第二次同时申请了两个相互独立的资质，合并提交不同的申请材料，不影响审批部门分别对材料进行审查，应当认定为相互独立的违法行为。综上，应当对当事人分别给予三次行政处罚。

（二）准确认定追诉期限

根据《行政处罚法》第三十六条的规定，违法行为在二年内未被发现的，不再给予行政处罚；涉及公民生命健康安全、金融安全且有危害后果的，上述期限延长至五年。法律另有规定的除外。前款规定的期限，从违法行为发生之日起计算；违法行为有连续或者继续状态的，从行为终了之日起计算。

当事人分别于 2018 年、2020 年以欺骗手段申请三项承包资质。2021 年 7 月 27 日，市住建局才向某区行政审批局和政务服务局去函开始调查，当事人在 2018 年第一次违法行为是否已过行政处罚两年追诉期？当事人以欺骗手段取得行政许可的违法行为处于持续状态之中，查处该违法行为没有超过行政处罚追诉时效。

四、案件启示

（一）违法行为认定要慎重

当事人以欺骗手段取得三个不同资质的行为相互之间是独立的。如将两次取得三个资质的行为合并为一个行为来处罚，会导致违法成本过低，不符合"罚过相当"原则，达不到惩戒警示的作用。

（二）证据收集不必局限于本区

当事人所属的技术负责人的相关项目涉及多个行政区，故向涉及的各区相关部门分别去函商请协助，所取得的证据对案件办理和违法事实认定起到积极作用。

（三）加大违法行为的查处力度

企业以虚假材料欺骗取得建筑业企业资质后，便可以承接相关的建设工程项目，但由于当事人并不真正符合条件，其承接的工程项目不能保证质量。因此，执法部门要严厉打击以欺骗、贿赂等不正当手段取得建筑业企业资质的行为，不仅能对相关企业起到震慑作用，也是对公民人身财产安全和社会公共利益的保护。

五、法律条款

1. 《建筑业企业资质管理规定》第二十九条第二款　以欺骗、贿赂等不正当手段取得资质许可的，应当予以撤销。

第三十六条　企业以欺骗、贿赂等不正当手段取得建筑业企业资质的，由原资质许可机关予以撤销；由县级以上地方人民政府住房城乡建设主管部门或者其他有关部门给予警告，并处 3 万元的罚款；申请企业 3 年内不得再次申请建筑业企业资质。

2. 《行政许可法》第六十九条第二款　被许可人以欺骗、贿赂等不正当手段取得行政许可的，应当予以撤销。

第七十九条　被许可人以欺骗、贿赂等不正当手段取得行政许可的,行政机关应当依法给予行政处罚;取得的行政许可属于直接关系公共安全、人身健康、生命财产安全事项的,申请人在三年内不得再次申请该行政许可;构成犯罪的,依法追究刑事责任。

案例 19　建设工程项目违规设计、审图案

一、案例要点

判定违法情节，既要看违法主体是否存在主观故意，也要看社会影响、危害结果等方面。为了确保建设工程质量得到有效监管，在处罚单位的同时，应依法对单位直接负责的主管人员和其他直接责任人员一并作出处罚。

二、案情介绍

某县法院审判庭项目，建设规模1.3万平方米，地上7层。建设单位为某法院；设计单位为A公司，具有建筑工程设计乙级资质；施工图审查单位为B公司，具有二类资质。某省住房和城乡建设厅（以下简称省住建厅）执法机构在全省施工图设计文件审查质量调审中，发现该工程施工图设计文件中设计单位A公司存在违反多条强制性标准，施工图审查单位B公司未按规定内容进行审查，存在漏审强制性条文的问题。

该执法机构成立调查组，进行立案调查，赴工程现场调查取证，执法人员查阅了工程合同、设计图纸、调审复审表、审查意见答复等相关资料，对相关责任主体及责任人进行了调查询问。

经查，发现该工程存在违反多条强制性标准的行为，一是在结构设计中，1KL9（2）第二跨支座配筋率大于2.0%，箍筋不符合《高层建筑混凝土结构技术规程》（JGJ 3—2010）第6.3.3条的规定，1KL15（10）第7跨下部筋不符合《高层建筑混凝土结构技术规程》（JGJ 3—2010）第6.3.3条的规定；二是在给水排水设计中，自喷系统报警阀后设减压阀组应采用信号阀门，违反了《消防给水及消火栓系统技术规范》（GB 50974—2014）第6.2.7条的规定；三是消防水池应设排水设施，并应采用间接排水，违反了《消防给水及消火栓系统技术规范》（GB 50974—2014）第4.3.9.3条的规定；四是空调室外机选型所提供的制冷量与设计计算值的比值过大，违反了《安徽省居住建筑节能设计标准》（DB 34/1467—2011）第6.1.1及第6.3.28.5条的规定。图审单位存在漏审强制性条文的情况，未按规定内容进行审查，调查询问中，设计单位和图审单位均承认存在违法违规行为。

依据《建设工程质量管理条例》第六十三条第一款第四项的规定，对设计单位A公司

处以 20 万元罚款；依据《建设工程质量管理条例》第七十三条的规定，对该单位直接负责的主管人员处以单位罚款数额 5% 的罚款。依据《房屋建筑和市政基础设施工程施工图设计文件审查管理办法》第二十四条第七项的规定，对施工图审查单位 B 公司处以 3 万元罚款的处罚，依据《房屋建筑和市政基础设施工程施工图设计文件审查管理办法》第二十七条的规定，对该单位的法定代表人和其他直接责任人员处以单位罚款数额 5% 的罚款。

三、案件分析

（一）综合判定违法情节

案件办理既要看违法主体的主观故意情况，又要结合违法行为实施情况、社会影响等。根据《建设工程质量管理条例》第六十三条第二款的规定，违反工程建设强制性标准、已造成工程质量事故的，要依法责令停业整顿，降低资质等级。已造成恶劣社会影响和较大损失的，要依法吊销资质证书。通过现场调查，虽然涉案工程违反多条工程建设强制性标准，但是该工程还未正式施工，对工程实体未造成影响，且未发现违法主体存在主观故意，同时当事人积极整改。因此，认定违法情节较轻，给予从轻处理，适用《建设工程质量管理条例》第六十三条第一款的规定，给予罚款的行政处罚。

（二）合理确定当事人违法责任

为了确保建设工程的质量得到有效监管，必须强化建设工程质量责任制，明确单位主管人员和其他直接责任人员的质量责任，并严惩其违法行为，如果只处罚单位，不处罚主管人员和直接责任人员，不利于违法行为的纠正。所以，本案对设计单位和图审单位的责任人员都依法进行了行政处罚。当然如何认定当事人的违法责任，要结合具体情况分析，如：对设计单位直接负责的主管人员认定，就包括违法行为的决策人，事后对单位违法行为予以认可和支持，以及由于疏于管理或放任、对单位违法行为负有不可推卸责任的领导人员。对图审单位其他直接责任人员主要是直接实施单位违法行为，具体完成单位交办工作任务的人员。最后由谁承担法律责任，这就要执法者充分考量事实证据，根据具体的案件情况，依法认定违法主体。

四、案件启示

（一）加强施工图设计审查监管

目前，行业中存在施工图设计深度不够，计算书不规范，施工图审查把关不严，审查不细，审查流程不规范等问题。要依法加强施工图设计、审查单位资质管理，要求承接施工图设计、审查业务的单位在认定的资格范围内承接业务，禁止任何单位未经认定、越级认定范围开展施工图设计、审查业务。加强施工图设计、审查单位的监管，设计、图审单位要按照国家标准配备相关人员，尤其是专职设计、审查的技术人员。各级建设主管部门要将施工图备案管理工作作为提高勘察设计质量、规范勘察设计市场的重要抓手，对审查机构报告的不良行为要认真核查，及时处理，对设计质量进行动态管理。要加强对施工图审查备案项目的抽查，重点是是否存在错审、漏审等行为，是否存在重大质量安全隐患，是否将不合格设计文件签为合格等情况。加强惩戒力度，建立和完善施工图设计、审查机构及其从业人员诚信行为（良好行为和不良行为）信息记录机制，并实行守信激励、失信惩处，对存在问题较多的设计、审查机构及相关人员依法处理，加强失信惩戒。

（二）严格实行责任追究

"放管服"背景之下，政府部门越来越注重依法行政，把事前审查转变为事中事后监管，在强化设计单位监管、提升设计水平质量的同时，更要发挥图审单位作为第三方机构作用，为业主以及设计单位提供咨询服务，承担起把好设计审查关的责任。设计单位是设计质量的第一责任人，必须按照工程建设强制性标准进行设计，并对其设计的质量负责，如果不按照强制性标准设计，必然会造成工程质量安全问题，设计单位和设计人员必然要承担直接法律责任。设计单位和图审单位存在问题往往是相关联的，如果设计单位存在违反法律、法规和工程建设强制性标准的，施工图设计文件审查机构作为审查单位，没有严格对照强制性标准进行审查，未按规定内容进行审查，存在漏审强制性条文的情况，出具施工图审查合格文件，也必然要依法承担相应的法律责任。

五、法律条款

1.《建设工程质量管理条例》第十九条第一款　勘察、设计单位必须按照工程建设强制性标准进行勘察、设计，并对其勘察、设计的质量负责。

第六十三条第一款第四项、第二款　违反本条例规定，有下列行为之一的，责令改正，处10万元以上30万元以下的罚款：

（四）设计单位未按照工程建设强制性标准进行设计的。

有前款所列行为，造成工程质量事故的，责令停业整顿，降低资质等级；情节严重的，吊销资质证书；造成损失的，依法承担赔偿责任。

第七十三条　依照本条例规定，给予单位罚款处罚的，对单位直接负责的主管人员和其他直接责任人员处单位罚款数额5%以上10%以下的罚款。

2.《房屋建筑和市政基础设施工程施工图设计文件审查管理办法》第十一条第一项　审查机构应当对施工图审查下列内容：

（一）是否符合工程建设强制性标准。

第二十四条第七项 审查机构违反本办法规定，有下列行为之一的，由县级以上地方人民政府住房城乡建设主管部门责令改正，处3万元罚款，并记入信用档案：

（七）已出具审查合格书的施工图，仍有违反法律、法规和工程建设强制性标准的。

第二十七条 依照本办法规定，给予审查机构罚款处罚的，对机构的法定代表人和其他直接责任人员处机构罚款数额5%以上10%以下的罚款，并记入信用档案。

案例 20 多家建设、施工单位不落实安全生产责任致使施工驻地板房坍塌案

一、案例要点

不同的主管部门针对大型事故中不同违法行为，应按照各自职责，对涉及的责任单位和人员明确违法主体，依据不同的法律法规分别处罚。

二、案情介绍

2018年7月26日20时许，某市城区开始降雨，该市××项目一标段工人陆续回活动板房临时宿舍休息。22时50分降雨量逐渐增大，23时至24时城区降雨量达到71.1毫米/小时（雨强为该地历史第二位），事故场地瞬时阵风6级左右。由A建设有限公司（以下简称A公司）承建的城市之光三标段工地，北侧围墙以南的地面及道路区域短时形成较深积水，一时难以排出。23时40分左右，北侧围墙的东段（长约39米）向工地外侧（北面）整体倒塌，压向邻近的B建设集团有限公司（以下简称B公司）在围墙外距离约0.8米搭建的二层活动板房（活动板房为一标段的工人宿舍，2层24间，每间住6人），致使活动板房坍塌，造成当时住在活动板房中的多名工人受困。B公司现场管理人员立即向110、120报警，次日零时左右，救援人员及时到达现场，全力抢救被困人员，事故共造成7人死亡、2人重伤。

2019年4月19日，某省人民政府批复了《××市××项目施工驻地板房坍塌较大事故调查报告》，认定该事故是一起生产安全责任事故，调查报告认定了相关责任主体的责任。该市住建局依据省人民政府的批复和省应急管理厅的调查报告，向省住建厅报送了《关于对××市××项目施工驻地板房坍塌较大事故负有责任的相关单位和人员处理结果的报告》，建议对4个责任主体进行处罚。省住建厅经过梳理，对该事故立案调查，依法对8个责任主体实施行政处罚。

经省住建厅现场调查认定，各方责任主体及人员存在以下问题：C房地产开发有限公司（以下简称C公司）作为该项目建设单位安全生产责任制落实不到位，违反了《安全生产法》（2014年修正）第十九条第二款的规定；未及时发现并排除安全事故隐患，违反了《安全生产法》第三十八条第一款的规定。

D建设工程有限责任公司（以下简称D公司）作为该项目倒塌围墙施工单位存在围墙质量缺陷的问题。砌筑围墙时，没有施工组织设计，违反了《建筑法》第五十八条第二款的规定；安全生产责任制落实不到位，违反了《安全生产法》第十九条第二款的规定。B公司作为该项目施工单位，安全生产责任制落实不到位，违反了《安全生产法》第十九条第二款的规定。未及时发现并排除安全事故隐患，违反了《安全生产法》第三十八条第一款的规定。

A公司作为该项目施工单位，安全生产责任制落实不到位，违反了《安全生产法》第十九条第二款的规定。未及时发现并排除安全事故隐患，违反了《安全生产法》第三十八条第一款的规定。李某作为B公司项目经理未落实安全生产管理责任，违反了《安全生产法》第二十三条第一款、《建设工程安全生产管理条例》第二十一条第二款的规定。

张某作为A公司项目部经理未落实安全生产管理责任，违反了《安全生产法》第二十三条第一款、《建设工程安全生产管理条例》第二十一条第二款的规定。王某作为A公司项目部生产经理未按规定消除安全事故隐患，违反了《建设工程安全生产管理条例》第二十一条第二款的规定。孙某作为该项目总监代表现场安全监理工作不到位，违反了《建设工程安全生产管理条例》第十四条第三款的规定。

王某森作为该项目总监履行安全监理职责不到位，违反了《建设工程安全生产管理条例》第十四条第三款规定。朱某作为A公司安全主管，未落实安全生产管理责任，违反了《安全生产法》第二十三条第一款的规定。未按规定消除安全事故隐患，违反了《建设工程安全生产管理条例》第二十三条第二款的规定。

依据《生产安全事故报告和调查处理条例》第四十条第一款的规定，对C公司作出暂扣房地产开发二级资质证书90天的行政处罚。依据《生产安全事故报告和调查处理条例》第四十条第一款的规定，对D公司作出暂扣安全生产许可证90天的行政处罚。依据《生产安全事故报告和调查处理条例》第四十条第一款的规定，对B公司作出暂扣安全生产许可证90天的行政处罚。依据《生产安全事故报告和调查处理条例》第四十条第一款的规定，对A公司作出暂扣安全生产许可证90天的行政处罚。依据《建设工程安全生产管理条例》第五十八条的规定，对王某作出吊销二级临时建造师注册执业证书、5年内不予注册的行政处罚。依据《生产安全事故报告和调查处理条例》第四十条第一款的规定，对李某、张某、王某、朱某作出移交该省住建厅工程质量安全监管处撤销其安全生产考核合格证书。依据《生产安全事故报告和调查处理条例》第四十条第一款的规定，对孙某、王某森作出移交该省建设监理协会撤销三人监理师证书。

三、案件分析

（一）法律适用

由于该省住建行业没有对造成7人死亡的较大生产安全责任事故的处罚先例，有关法律法规的适用有不够明确的地方。案件调查结束后，本着对群众、对社会、对企业高度负责的原则，省住建厅多次组织法律专家、行业专家、业务主管部门和稽查部门，就存在的难点、焦点进行专题会商研究。

如何适用《生产安全事故报告和调查处理条例》？一是责任单位和个人的范围如何确定。本次事故调查历时近一年，应急管理部门、住建部门对涉及的责任单位和人员的调查有重合也有区别，分别提出的处理意见有相同也有不同。因此在进行本次行政处罚案件的调查处理过程中，本着实事求是的原则，对于经各级人民政府批复的事故调查报告及相关文件中认定对生产安全事故发生负有责任的单位及个人，都应依法依规进行处罚。二是与安全生产有关的执业资格、岗位证书的范围如何确定。本案中，一些对事故发生负有责任的人员考取、注册过不同类型、专业的执业资格和岗位证书，在确定应作出行政处罚的时候既不能盲目扩大，也不能有所缺失。与安全生产有关的执业资格、岗位证书的范围应本着与其事故发生负有责任的具体岗位相对应的原则确定，如项目经理为注册建造师执业资格证书、项目负责人安全生产考核合格证书等，总监为注册监理师执业资格证书、建设工程监理人员从业水平能力证书（监理工程师、监理员证书）等。

（二）案件难点

一是案情影响重大。事故发生后，全国主流媒体、网络大V等都给予了报道和关注，是当时的舆情热点。该起事故造成7人死亡，2人重伤，造成直接经济损失1571.0681万元，既是同期该省一次性死亡人数较多的事故，也是住建行业年度死亡人数较多的事故，更是一起较大生产安全责任事故。同时，该房地产企业同期在其他省市也连续发生安全事故，造成人员伤亡，社会各界、其他省市主管部门、行业同仁高度关注事态发展和后续进展。对于重大复杂案件，要做到提前介入，是对存在问题发生初期、尚未灭失前实施的一种有效工作方法，这种方法在当前的生产安全形势下发挥着越来越重要的作用。提前介入应用于案件的查办过程中，很大程度上可使稽查人员强化稽查意识，注重从案件办理的角度收集、固定证据，对案件在移交受理前有所了解，促进案件在立案后的各个环节不容易"卡壳"，无形中节约了办案时间、节省了稽查资源。

二是案件违法主体较多。一方面是事故原因交织给案件调查带来难度。如：施工现场存在安全隐患。围墙的结构构造不符合规定，后期人为改变使用性质（成为挡土墙），在土压力和水压力共同作用下，围墙结构侧应力增大而导致倒塌。同时围墙墙体南侧的施工区域排水设施不畅。另一方面是责任主体交叉给后续处罚形成障碍。如：选址存在问题、建设存在缺陷、管理存在盲区等。案件在移交伊始，涉及省直、市直有关部门提出的不同类型、不同主体的处理建议，不同主体间的处理建议有相同也有区别，为了慎重起见，该省住建厅组织办案人员在逐项梳理、逐个对照的基础上，再与有关部门多次沟通，确定了需要进行立案查处的主体和事项，做好了"不漏一家、不缺一项"，也为以后办理类似案件探索了有益的经验。在案件调查过程中，案件办理人员在前期事故调查和提前介入的基础上，通过持续、细致、深入的调查，发现了其他需要进行行政处罚的事项，切实做到了"应处罚尽处罚"。

三是案情处理较为复杂。本次事故发生后，省住建厅第一时间安排专人参与省政府的事故调查中，整个事故调查从开始调查到事故调查报告批复历时近一年，期间多次参会召开技术论证会、案情分析会等。在省政府批复事故调查报告中，省住建厅作为行业主管部门，本着"依法依规、快处快罚"的原则，立刻启动案件调查处理，在前期工作的基础上认真梳理处罚事项，形成了详实的案件调查报告。

四、案件启示

本案的圆满顺利办结，是通力合作、步调一致、协调配合的结果，从事故发生之时，行业监管部门和稽查执法部门共同参与事故的调查；在案件调查过程中，有关部门实时沟通处理进度，及时梳理分析推进难点和问题；在案件处罚全过程，法制部门坚持监督指导，对于每个处罚认真审核；处罚决定作出后，有关行业监管部门、行业协会依据移交处理的意见，根据本部门管理权限第一时间进行处理和反馈处理结果。本案处理过程中，省市两级主管部门联合联动，形成了案件处理的全闭合。特别是对于一些涉及群众切身利益的处罚事项，省市两级及时沟通、充分通气，既按时完成了全部处罚事项，还避免造成一些不必要的社会影响，为今后省市两级联合办案提供了一条可复制、可推广的路径。

五、法律规定

1.《安全生产法》（2014年修正）❶ 第十九条　生产经营单位的安全生产责任制应当明确各岗位的责任人员、责任范围和考核标准等内容。生产经营单位应当建立相应的机制，加强对安全生产责任制落实情况的监督考核，保证安全生产责任制的落实。

第二十三条第一款　生产经营单位的安全生产管理机构以及安全生产管理人员应当恪尽职守，依法履行职责。

第三十八条第一款　生产经营单位应当建立健全生产安全事故隐患排查治理制度，采取技术、管理措施，及时发现并消除事故隐患。

2.《建筑法》（2011年修正）❷ 第五十八条第二款　建筑施工企业必须按照工程设计图纸和施工技术标准施工，不得偷工减料。工程设计的修改由原设计单位负责，建筑施工企业不得擅自修改工程设计。

---

❶ 2021年6月10日，中华人民共和国第十三届全国人民代表大会常务委员会第二十九次会议通过《全国人民代表大会常务委员会关于修改〈中华人民共和国安全生产法〉的决定》，自2021年9月1日起施行。

❷ 根据2019年4月23日第十三届全国人民代表大会常务委员会第十次会议《关于修改〈中华人民共和国建筑法〉等八部法律的决定》第二次修正。

3.《建设工程安全生产管理条例》第十四条第三款　工程监理单位和监理工程师应当按照法律、法规和工程建设强制性标准实施监理，并对建设工程安全生产承担监理责任。

第二十一条第二款　施工单位的项目负责人应当由取得相应执业资格的人员担任，对建设工程项目的安全施工负责，落实安全生产责任制度、安全生产规章制度和操作规程，确保安全生产费用的有效使用，并根据工程的特点组织制定安全施工措施，消除安全事故隐患，及时、如实报告生产安全事故。

第二十三条第二款　专职安全生产管理人员负责对安全生产进行现场监督检查。发现安全事故隐患，应当及时向项目负责人和安全生产管理机构报告；对违章指挥、违章操作的，应当立即制止。

第五十八条　注册执业人员未执行法律、法规和工程建设强制性标准的，责令停止执业3个月以上1年以下；情节严重的，吊销执业资格证书，5年内不予注册；造成重大安全事故的，终身不予注册；构成犯罪的，依照刑法有关规定追究刑事责任。

4.《生产安全事故报告和调查处理条例》第四十条第一款　事故发生单位对事故发生负有责任的，由有关部门依法暂扣或者吊销其有关证照；对事故发生单位负有事故责任的有关人员，依法暂停或者撤销其与安全生产有关的执业资格、岗位证书；事故发生单位主要负责人受到刑事处罚或者撤职处分的，自刑罚执行完毕或者受处分之日起，5年内不得担任任何生产经营单位的主要负责人。

案例21 擅自处分物业共用部位案

一、案例要点

作为建设单位的房地产开发企业不得基于合同格式条款擅自处分业主依法享有的物业共用部分所有权或者使用权;房地产开发企业处分同一小区内多个物业共用部分的,应当认定为一个违法行为予以行政处罚。

二、案情介绍

2018年6月起,某市部分群众陆续通过12319、局长信箱、市长信箱、书记信箱等多个投诉举报途径,反映该市某小区底层绿地花园和楼顶天台存在大量乱搭乱建的建(构)筑物的情况,严重影响小区形象和居住品质,并存在安全隐患。某市城市管理行政执法局(以下简称执法局)收到线索后,立即依法对上述问题进行查办。随着案件调查深入展开,违法建设的建(构)筑物被依法拆除,"案中案"逐渐浮现。

小区部分违建业主表示,购买房屋时,某房地产开发公司置业顾问向购房者告知底层绿地花园、楼顶天台属于底层、顶层业主所有,业主有权进行搭建改造,因此在房屋交付使用后,该部分业主才将属于自己"合法产权"的物业部位进行"装饰装修"。

掌握证据线索后,2019年3月,执法局以涉嫌在商品房销售过程中擅自处分属于业主的物业共用部分,对当事人某房地产开发公司立案调查。经过法定程序,执法局先后向当事人作出并送达《行政处罚告知书》《行政处罚决定书》,依据《物业管理条例》第二十七条和第五十七条的规定,决定对该房地产开发公司处以20万元罚款的行政处罚。

当事人向该省住建厅申请行政复议,后复议机关决定维持处罚决定。当事人未提起行政诉讼,履行了行政处罚决定,案件办结。

三、案件分析

（一）房地产开发企业不得基于合同格式条款擅自处分业主对物业共用部分的使用权

执法局通过现场勘验并取得涉案小区规划总平面图、《商品房买卖合同》及补充协议等证据，证实底层绿地花园、楼顶天台等有关区域是属于业主依法享有的物业共用部位；取得部分业主询问笔录及小区房屋价格备案登记表等证据，证实涉案底层、顶层房屋价格高于同楼栋同户型中间楼层房屋价格。经反复查阅有关资料并进行比对，发现涉案《商品房买卖合同》补充协议中存在关键证据，补充协议第十二条第一项约定："买受人对其他购买附带底层或顶层庭院、花园、屋面、露台、地下室、阁楼、设备间、平台、架空层等的商品房的业主拥有相应上述部分专有使用权没有任何异议并不主张任何权利，买受人不可撤销地放弃对其他购买人附带的上述部分的所有权利。对于合同所称附带享有单独使用权的部分（如商业楼栋、楼层走廊部分区域由出卖人指定的买受人单独使用），买受人明知该部分可能属于共有共用范围，但在此同意作出相关约定包括：其附带单独使用的部分可以是依据建筑形态自然区分而形成，也可以是经区隔后或约定后形成，具体以出卖人给买受人指定的对应区域为准，其他买受人不得占用，且不可撤销的放弃对此的使用、占有、收益的权利"；第五项约定："出卖人对未享有单独使用权空间权利的业主，在销售定价时已经纳入考虑因素，其他未享有单独使用权空间权利的业主，不得以任何理由向出卖人或物业服务公司或享有单独使用权的业主主张费用补偿、利益转移等任何权利"。该协议约定违法设置"单独使用权"，剥夺了未享有单独使用权空间权利的业主对物业共用部分依法享有的权利。

根据《物权法》❶《合同法》❷等相关法律法规的规定，《商品房买卖合同》补充协议第十二条是以格式条款的形式排除了业主对物业共有部位享有的主要权利，属于无效条款，即使相关业主签订了该补充协议，在民法上亦不产生法律效力。

（二）执法局作出行政处罚决定适用法律正确，自由裁量适当

本案先是由部分业主投诉小区存在违法建设的问题，执法局深入调查发现，系当事人作为小区建设单位，利用其提供《商品房买卖合同》补充协议格式条款的优势地位，擅自处分业主对物业共用部分依法享有的权利，诱导部分业主改造、搭建违法建设，导致其他业主的合法权益受到损害，违反了《物业管理条例》第二十七条的规定，应当依法予以行政处罚。当事人的上述违法行为造成部分业主误认为对该物业共用部分享有"单独使用权"、自建建（构）筑物具备"排他性"和"合法性"，从而导致该小区违法建设现象蔓

---

❶❷ 2020年5月28日，第十三届全国人民代表大会第三次会议表决通过了《中华人民共和国民法典》，自2021年1月1日起施行。《中华人民共和国物权法》《中华人民共和国合同法》同时废止。

延，严重影响小区形象和居住品质，存在安全隐患。因此，执法局认定本案具有从重处罚情节，依据《物业管理条例》第五十七条的规定，作出了顶格罚款。

四、案件启示

（一）证据链的完整性

此类案件违法行为的隐蔽性较强，作为建设单位的房地产开发企业往往消极对待、以各种理由拒绝配合执法部门调查取证，导致违法事实难以认定；同时建设单位往往拥有专业的法务团队，对相关法律法规及其应对有着丰富的经验，执法部门必须严格依法执法，否则败诉风险极高。

因此，证据链是否形成闭环是查处此类案件的核心点。本案在当事人近乎"零口供"的情况下，完成案件查办并最终执行处罚决定，其案件调查取证、证据固定环节尤为关键，具有较强示范意义。执法局通过大量走访摸排涉案区域及其业主、比对甄别合同条款，以现场勘验笔录及影像资料、小区规划总平面图纸、《商品房买卖合同》及补充协议等形成固定有关区域属于业主物业共用部位的书面证据，以部分业主询问笔录、小区房屋价格备案登记表等形成固定涉案底层、顶层房屋价格畸高的书面证据，以《商品房买卖合同》补充协议中部分条款的规定形成固定建设单位擅自处分物业共用部位的书面证据，大量证据环环相扣，形成了闭合证据链条。

实践中，有的购房合同条款设置具有更为复杂的"隐蔽性"，甚至没有出售、处分物业共用部位的具体表述，在无法掌握直接性证据的情形下，可进一步调查建设单位与部分业主间是否存在"阴阳合同"，并从同楼栋、同户型、不同楼层房屋价格入手展开调查。此类案件中通常建设单位销售的底层、顶层房屋价格明显高于中间楼层房屋价格（商住综合体等建筑物，部分高层住宅的中间楼层紧邻低层建筑的露台、天台，建设单位即以"合法使用"露台、天台为卖点，高价销售该中间楼层房屋），即便与其他楼层同户型房屋的备案合同价款基本一致，也可通过部分业主向建设单位的单独汇款凭证等加以证实，再结合部分业主物业共用部分实际占有、使用的状态，调取建设单位擅自处分物业共用部分的证据。

（二）房地产企业处分多个共用部分是否属于多次违法

对于建设单位擅自处分同一小区内多处物业共用部位所有权或使用权的违法行为，是给予一次罚款还是多次罚款的行政处罚，行政执法中存有争议。建设单位处分同一小区内的多处物业共用部位所有权或使用权，是在同一个概括故意下实施的时间上持续不断、空间上相互关联的违法行为，应当整体认定为一个违法行为给予行政处罚。具体到本案，应以当事人取得的"商品房预售许可证"规定的销售区域作为界限，对执法局立案调查时发生的建设单位处分同一"商品房预售许可证"规定区域内的多处物业共用部位的行为，总体认定为一个违法行为，并视违法行为情节轻重，结合行政处罚裁量标准，在法律规定范围内给予相应幅度的行政处罚。

五、法律条款

1.《物权法》第七十条　业主对建筑物内的住宅、经营性用房等专有部分享有所有权，对专有部分以外的共有部分享有共有和共同管理的权利。

第七十二条　业主对建筑物专有部分以外的共有部分，享有权利，承担义务；不得以放弃权利不履行义务。

业主转让建筑物内的住宅、经营性用房，其对共有部分享有的共有和共同管理的权利一并转让。

2.《合同法》第三十九条　采用格式条款订立合同的，提供格式条款的一方应当遵循公平原则确定当事人之间的权利和义务，并采取合理的方式提请对方注意免除或者限制其责任的条款，按照对方的要求，对该条款予以说明。

格式条款是当事人为了重复使用而预先拟定，并在订立合同时未与对方协商的条款。

第四十条　格式条款具有本法第五十二条和第五十三条规定情形的，或者提供格式条款一方免除其责任、加重对方责任、排除对方主要权利的，该条款无效。

3.《物业管理条例》第二十七条　业主依法享有的物业共用部位、共用设施设备的所有权或者使用权，建设单位不得擅自处分。

第五十七条　违反本条例的规定，建设单位擅自处分属于业主的物业共用部位、共用设施设备的所有权或者使用权的，由县级以上地方人民政府房地产行政主管部门处5万元以上20万元以下的罚款；给业主造成损失的，依法承担赔偿责任。

案例 22　为禁止交易的房屋提供经纪服务案

一、案例要点

征收安置住房在取得不动产权证后的规定期限内,不得转让、抵押;行业内默认的潜规则不一定合法合规;盟主店和加盟店之间的责任义务问题和中介机构用章管理等问题,均为内部管理问题,无法成为相关当事人的免责理由。

二、案情介绍

2021年1月8日,某市综合行政执法局(以下简称执法局)接到举报,反映某小区某室(以下简称涉案房屋)在装修过程中将窗框扩大并损坏房屋承重结构。执法人员现场查看发现,装修人潘某不是涉案房屋产权人,但声称购买了该处房屋,已经实际完成交付。然而涉案房屋所在小区属于征收安置房,取得不动产权证书尚未满三年,根据《××市征收安置住房管理办法》第二十四条的规定不得转让和抵押。在购房合同和居间协议中,作为中介人签字和盖章的分别为陈某和中介公司A公司鹤沙航城店,中介费用由陈某收取。

执法人员对中介服务人员陈某调查询问,发现其经营的中介公司B公司(经工商部门核实,陈某为该公司股东)为涉案房屋提供经纪服务,且B公司与A公司系加盟合作关系,对外以A公司鹤沙航城店的名义开展经营活动。陈某表示其提供的涉案经纪服务是行业内普遍存在的。在之后对陈某的调查中,陈某否认己方责任,认为是A公司的责任,且提供了一份涉案房屋的网签合同,密钥持有人为A公司。

之后,执法局通过商请房屋管理主管部门(以下简称房产局)查明,涉案房屋确为不符合交易条件的保障性住房。执法人员随即对A公司进行调查,该公司的法定代表人承认B公司系A公司的加盟店,也提供了相关加盟协议,但表示陈某为涉案房屋提供经纪服务的行为与A公司无关。

2月23日,执法人员告知A公司关于网签这一证据后,A公司认为,陈某在没有得到公司的允许下使用公司的网签资质违规对该房屋进行网签,属于个人行为。其后,A公司多次陈述申辩,主要内容均为网签不合公司规定以及没有具体为涉案房屋提供经纪服务。

执法局依法向某市房地产交易中心发出《协助调查通知书》，了解和确认涉案房屋的网签合同详细信息。某市房地产交易中心复函表示涉案房屋的网签合同载明的经纪机构名称为 A 公司。

经查，本案共出现三个涉嫌违法主体：中介服务人员陈某、中介加盟机构 B 公司和中介机构 A 公司。其中，陈某为涉案房屋提供实质性的经纪服务并收取中介费，A 公司为涉案房屋进行网签并加盖其公司印章，而 B 公司在证据材料中没有任何相关的签章体现，对其查处证据不足，因此执法局最终认定该案件的违法主体为陈某和 A 公司。A 公司的陈述、申辩内容主要为盟主店和加盟店之间的责任义务和中介机构用章管理等，均为内部管理问题，无法成为公司的免责理由。最终，执法局分别依法对陈某及 A 公司给予了行政处罚。

三、案件分析

（一）对案件保持敏锐性

取得不动产权证书未满规定期限的征收安置房依法不得交易，但从权属信息上来看，本案产权人没有发生变更。如果买受人潘某没有损坏房屋承重结构，没有在接受询问时说出实情，执法人员很难发现涉案房屋已经交易的事实。本案中，执法人员对涉案房屋的权属性质有清晰认识，在查处违规装修案件时能敏锐地发现隐藏其中的"案中案"。

（二）及时锁定证据

由于涉案房屋不能办理过户登记手续，购房合同等资料仅一式三份，由买卖双方和中介持有，当执法人员开展调查时，中介服务人员和中介机构一般会拒绝提供对自己不利的证据。本案中，执法人员查处潘某损坏房屋承重结构一案时，能够及时向潘某了解交易涉案房屋的具体细节，并且让潘某提供购房合同、居间协议等直接证据，为后续认定陈某及 A 公司的违法事实打下坚实的基础。

（三）主体认定要严谨

不论是从书证上的签章来看，还是从陈某和 B 公司店招店牌写着"A 房产"来看，均没有体现"B 公司"从事涉案经纪服务，对 B 公司查处证据不足。后续调查过程中，陈某提供了一份"A 公司"盖章的网签合同，而 A 公司与 B 公司本就具有加盟关系，A 公司也在接受询问时表示其为陈某提供网签资质的服务收取 200 元/单的费用，因此认定 A 公司为涉案房屋提供经纪服务的事实合情合理，最终确认陈某与 A 公司为本案的行政处罚相对人。

四、案件启示

(一) 要加强执法部门与管理部门联系

本案中对 A 房产违法事实认定的关键证据是网签合同，据了解，对不符合交易条件的保障性住房进行网签是行业内的普遍情况。设想如果对网签信息进行普查，能够更加有效地查处违法中介服务行为，但是网签信息涉及个人隐私，同时执法部门与管理部门相对分离，不能掌握具体信息，获取案源的渠道受到限制。双方要建立协助机制，互通信息，才能更好发现并遏制此类违法行为。

(二) 要完善网签系统平台设置

平台设计的初衷是为避免"一房多卖"，没有审核房屋权属性质的功能，而《××市存量房经纪合同和交易合同网上备案办法》第六条中明确规定，房地产经纪机构必须先行核验房屋的权属证明和相关身份证明是否符合委托条件，核验通过后才能接受房屋买卖的经纪委托，最后才能够进行网签。对此，本案当事人认为，能够利用政府提供的网签系统平台正常网签，就是政府默许其对涉案房屋提供经纪服务。近年来，某市发布多项关于动迁安置房、新房等在限制时限内不能转让的政策，为适应新时代的发展需求，网签系统平台可以增设相关功能，禁止为不得转让的房屋进行网签，避免中介行业误解。

五、法律规定

《房地产经纪管理办法》第二十五条第九项　房地产经纪机构和房地产经纪人员不得有下列行为：

（九）为不符合交易条件的保障性住房和禁止交易的房屋提供经纪服务。

第三十七条　违反本办法第二十五条第（三）项、第（四）项、第（五）项、第（六）项、第（七）项、第（八）项、第（九）项、第（十）项的，由县级以上地方人民政府建设（房地产）主管部门责令限期改正，记入信用档案；对房地产经纪人员处以 1 万元罚款；对房地产经纪机构，取消网上签约资格，处以 3 万元罚款。

案例 23　将没有防水要求的房间改为卫生间案

一、案例要点

将没有防水要求的房间或者阳台改为卫生间、厨房间会严重影响房屋质量，是明令禁止的行为。在当事人拒不履行义务的情况下，执法机关可要求其他行政机关予以协助执行。

二、案情介绍

2022年1月4日，某区综合行政执法局（以下简称执法局）接到群众王某举报，反映楼上住户改变房屋用途，将住宅改建为办公用房。执法人员到现场发现被举报的住户无人在家，经向王某了解，楼上住户将住宅隔成一个个小间作为办公室使用，为满足办公需要，增设了卫生间，导致水渗到楼下，严重影响了自己的居住权，王某希望执法局能够维护其合法权益。

1月10日，执法局依法立案。一方面请小区物业、举报人留心楼上住户动向，发现该户有人回家立即通知执法人员；另一方面寻求其他行政机关协助。执法人员携带单位介绍信、执法证件以及相关案件材料到不动产登记机构查询到该户业主为江某，又到公安机关查询到江某的联系方式。江某起初拒绝接受调查，执法人员遂向其手机发消息，告知其不配合调查的法律后果，严重的可能会冻结房产交易。江某最终配合进行现场勘验和调查询问。经查，江某在装修过程中，将一间较大的房间改建为办公室和卫生间，改建的卫生间没有防水功能，导致水渗到楼下。

2月16日，执法局向江某送达《责令改正通知书》，要求江某在十五日内改正违法行为，将卫生间恢复为普通房间，江某未改正。

3月10日，执法局向江某送达《行政处罚决定书》，责令其十五日内改正违法行为，处罚款1000元。江某缴纳了罚款，但仍未改正。执法局将江某的违法情况函告不动产登记机构，冻结该户的变更登记，并将冻结的情况告知江某，江某重新将卫生间改为普通房间。

三、案件分析

行政执法离不开各部门的互相配合。《行政处罚法》第二十六条规定:"行政机关因实施行政处罚的需要,可以向有关机关提出协助请求。协助事项属于被请求机关职权范围内的,应当依法予以协助。"规定了行政机关之间有相互协助的义务。在本案中,执法局通过不动产登记机构、公安机关的协调配合,完成证据收集及行政处罚决定的执行。

四、案件启示

(一)执法机关应当强化监管力度

针对涉及不动产的违法行为,行政部门应加大执法监管力度,除了改建、拆改承重墙违法行为外,对于其他违法行为,执法机关应当依法查处,从源头上减少业主违规装修造成的安全隐患。

(二)用好冻结登记措施

根据《不动产登记暂行条例》的规定,对于房产有各类违法违规行为的,可冻结其变更登记,限制涉案房产的交易流通,一定程度上可震慑违法行为人,督促其配合调查、改正违法行为。

五、法律条款

1.《住宅室内装饰装修管理办法》第五条第二项　住宅室内装饰装修活动,禁止下列行为:(二)将没有防水要求的房间或者阳台改为卫生间、厨房间。

2.《住宅室内装饰装修管理办法》第三十八条第一项　住宅室内装饰装修活动有下列行为之一的,由城市房地产行政主管部门责令改正,并处罚款:(一)将没有防水要求的房间和或者阳台改为卫生间、厨房间的,或者拆除连接阳台的砖、混凝土墙体的,对装修人处5百元以上1千元以下的罚款,对装饰装修企业处1千元以上1万元以下的罚款。

3.《不动产登记暂行条例》第二十二条　登记申请有下列情形之一的,不动产登记机构应当不予登记,并书面告知申请人:(一)违反法律、行政法规规定的;(二)存在尚未解决的权属争议的;(三)申请登记的不动产权利超过规定期限的;(四)法律、行政法规规定不予登记的其他情形。

案例 24　擅自在楼顶建设阳光房案

一、案例要点

执法机关对在建的违法建筑物、构筑物、设施等采取查封或强制拆除措施的,不受《行政强制法》第四十四条规定的复议或起诉期限届满限制。

二、案情介绍

2018 年 5 月,某区综合行政执法局(以下简称执法局)在日常巡查中,发现某小区 34-5 号房屋(业主韩某)擅自在自家楼顶、露台处采用钢架、商品混凝土、玻璃等进行建设,面积约 40 平方米,无法出示相关规划建设许可手续,涉嫌违法建设。立案后,执法局通过现场调查(勘验)、查阅物业档案、询问当事人、商请规划主管部门出具认定意见等方式,确认韩某未取得规划许可手续建设建(构)筑物的违法事实,该行为违反了《城乡规划法》第四十条第一款的规定。5 月 25 日,执法局向韩某送达《责令停止建设决定书》,要求韩某停止违法建设,在 6 月 1 日前自行拆除违法建设,但韩某拒不改正,反而加快进度继续组织施工,违法建设面积增加至约 200 平方米。6 月 18 日,执法局在韩某违法建设现场及所属小区门口发布《关于依法制止拆除某小区 34-5 业主违法修建建(构)筑物的公告》。6 月 19 日,执法局根据《城乡规划法》第六十八条、《××市城乡规划条例》第七十九条的规定,联合属地街道办事处对韩某正在进行的违法建设行为强行制止,依法进行拆除,消除违法后果。

在法定期限内,韩某向某区人民法院提起行政诉讼,某区人民法院作出判决,驳回韩某的诉讼请求,韩某不服一审判决,上诉至某市中级人民法院,后自行撤回上诉请求,案件办结。

三、案件分析

(一)在建的违法建设可以实施强制拆除措施

依据《最高人民法院第一巡回法庭关于行政审判法律适用若干问题的会议纪要》第 26

条规定:"有关部门对在建违法建筑物、构筑物、设施等采取查封或强制拆除行政强制措施的,不受《行政强制法》第四十四条规定的复议或起诉期限届满限制"。《行政强制法》第四十四条的规定,是有关行政机关强制执行程序的规定,不适用于行政强制措施。分析该条规定的具体内容,规划部门对在建违法建筑物、构筑物、设施等作出责令停止建设或者限期拆除,实质是为制止违法行为、避免危害发生、控制危险扩大,对公民、法人或者其他组织的财物实施的暂时性控制行为,应当属于行政强制措施,不是行政强制执行;只有规划部门对已建成的违法建筑物、构筑物等作出的限期拆除决定,当事人逾期不自行拆除,县级以上人民政府责成有关部门强制拆除的,才属于行政强制执行,受《行政强制法》第四十四条的限制。

(二)对于在建的违法建设可以强行制止

本案中韩某实施的建设行为未取得建设工程规划许可证,属于违法建设;该行为系在房屋外围进行,存在安全隐患。韩某在执法局作出限期拆除的决定后拒不改正并加快施工,可以强行制止违法建设,消除违法结果。

四、案件启示

(一)执法文书应当明确违法建设相对人

本案经多方调查,根据《建设项目调查询问笔录》已经可以证明韩某是涉案建筑的建设者,未取得建设工程规划许可证实施违法建设活动系韩某所为,但是本案所有执法文书所列违法行为当事人均表述为"某小区34-5",不符合法律法规相关要求。

(二)违法建设引发或者可能引发突发事件,执法部门可以强行制止

根据《城乡规划法》《××市城乡规划条例》规定,对于违法建设行为经责令停止而不停止的,可以由县级以上地方人民政府责成有关部门采取查封施工现场、强制拆除等措施;对于违法建设行为引发或者可能引发突发事件的,应当采取应急或者临时措施,强行制止违法建设,消除违法结果。该两处适用强制拆除或强制制止的行为的前提是不相同的。"强制拆除"的前提是"经责令停止而不停止","强行制止"的前提是"违法建设行为引发或者可能引发突发事件"。违法建设行为引发或者可能引发突发事件有相应的证据予以证明的,执法部门可以强行制止该行为。

五、法律条款

1.《城乡规划法》第四十条第一款 在城市、镇规划区内进行建筑物、构筑物、道

路、管线和其他工程建设的，建设单位或者个人应当向城市、县人民政府城乡规划主管部门或者省、自治区、直辖市人民政府确定的镇人民政府申请办理建设工程规划许可证。

第六十八条　城乡规划主管部门作出责令停止建设或者限期拆除的决定后，当事人不停止建设或者逾期不拆除的，建设工程所在地县级以上地方人民政府可以责成有关部门采取查封施工现场、强制拆除等措施。

2.《×××市城乡规划条例》第四十条　城市、镇（乡）规划区内建设用地以及村规划区内国有建设用地上的建设项目，建设单位或者个人应当向城乡规划主管部门申请核发建设工程规划许可证。

第七十九条　对正在进行的违法建设，责令停止建设而不停止的，城乡规划主管部门可以扣押其施工设施设备；违法建设引发或者可能引发突发事件的，城乡规划主管部门应当会同相关部门，采取应急或者临时措施，强行制止违法建设，消除违法结果。

案例 25　无建设工程规划许可证进行建设案

一、案例要点

准确把握竣工结算价、已完工部分的施工合同价、委托有资质的造价咨询机构评估确定造价的区别，根据相关法律规定，结合案件实际情况决定适用三者之中最合理的价格作为计算罚款基数的违法建设工程造价。

二、案情介绍

2019年8月21日，某市综合行政执法局（以下简称执法局）接举报，反映某高新技术公司建设的综合电子产品研发基地项目未取得建设工程规划许可证。经实测，该建筑物体量较大，主体地下1层、地上11层（局部4层），建筑高度45.83米，总建筑面积33978.37平方米（其中地上建筑面积32397.83平方米，地下建筑面积1580.54平方米），其配套综合管线包含电力管线948.14米、信息与通信管线326.59米、给水管线402.52米、排水管线1603.34米（其中雨水管线1295.5米，污水管线307.84米）、燃气管线59.22米。当天执法局向市规划和自然资源局（以下简称规资局）发函申请认定，于9月2日立案处理。

10月17日，规资局复函作出认定："上述建筑物及配套综合管线与控制性详细规划要求无重大矛盾，且已建成并投入使用多年，属可以采取改正措施消除影响的情形，我局对现状予以认可，按程序完成行政处罚手续后，可补办相关规划手续。"

10月28日，当事人高新技术公司提供了该建设项目《工程造价汇总表》。经执法人员仔细核验，该《工程造价汇总表》系当事人自制。当事人解释，该建筑系自建项目，自行完成了施工、材料采购、工程监理、结算审计等环节，可提供自制该项目《工程决算书》，造价合计4665.42万元。

根据建筑体量和日常工作经验，执法人员认为当事人提供的工程造价明显低于市场价格。11月19日，执法局按照单位内部《规划类行政处罚案件工程造价评估实施办法》召开工程造价评估会议，向3家评估机构询价并经集体研究讨论，决定委托某造价咨询机构承接该评估工作。

2019年12月18日，经某造价咨询机构评估，该建筑工程造价为8164.66万元。经执法机关负责人集体讨论研究，决定对某公司处以工程造价百分之五的罚款，共计 408.23 万元。当事人按期缴纳了罚款，案件办结。

三、案件分析

（一）违法建设和临时建设需要区分

当事人提供了已取得的该建筑用地许可证和市政府控制性详细规划修改批复，结合规资局对该建筑物已作出的可补办相关规划手续的规划认定，可以确定该违法建设符合《中华人民共和国城乡规划法》第四十条的定义，并排除适用第四十四条关于临时建设的规定。

（二）并非所有违法建设均应当拆除

当事人没有取得相应规划许可进行建设，但是经规资局认定该建筑物符合规划要求，属于尚可采取改正措施消除对规划实施的影响的情形，可以补办必要的规划手续，其法律责任是依法承担相应罚款，并不需要限期拆除或没收实物或者违法收入。

（三）当事人的陈述申辩成立的，行政机关应当采纳

2020 年 1 月 6 日，执法局送达《行政处罚告知书》，对当事人违法行为拟作出处工程造价百分之十罚款的行政处罚，共计 816.47 万元。1 月 7 日，当事人书面行使陈述和申辩权利，提出如下理由：1. 该项目被市政府列为新型工业化重点投资项目，已取得市经委会立项备案；2. 市政府已批复同意该项目规划条件，同意控制性详细规划调整；3. 市政府主要领导调整，在最后的审批环节被搁置；4. 根据市委、市政府关于支持民营经济健康发展的要求，妥善解决历史遗留问题，且企业自愿接受处理，望支持企业诉求；5. 该项目没有任何非法利益的获取，企业为高新技术和军工产业作出突出贡献，望对处罚进行减免；6. 已同意转让部分土地用于某区教育用地，为教育事业作出贡献；7. 经济运行下行压力大，企业负担重，若处罚太重会影响企业日常生产经营活动，望从企业角度出发，考虑承受力，实事求是地予以处罚。

4 月 23 日，执法局召开负责人会议进行集体讨论研究，决定积极响应党中央、国务院关于在疫情防控期间积极为企业减轻负担的相关政策规定，鉴于当前经济下行压力比较大，本着为企业解难帮困的原则，且该违法建筑属于历史遗留问题，无主观恶意，也并未造成严重影响，对当事人按下限处以工程造价百分之五的罚款，共计 408.23 万元。

四、案件启示

（一）《工程决算书》的证明力需结合案件实际情况确定

住房和城乡建设部《关于规范城乡规划行政处罚裁量权的指导意见》（以下简称《指

导意见》)第十二条规定,已经完成竣工结算的违法建设,应当以竣工结算价作为罚款基数。竣工结算定义为施工单位按照合同规定的内容全部完成所承包的工程,经验收质量合格,并符合合同要求之后,向建设单位进行的最终工程款结算。但本案系当事人作为建设单位自行施工建设并完成了工程结算,其《工程决算书》中的价格明显低于市场价格。依据《指导意见》第十二条规定,执法局应当委托有资质的造价咨询机构评估确定处罚基数。最终,执法局委托的某造价咨询机构出具的评估价格明显高于当事人《工程决算书》中的价格。

从本案当事人自制《工程决算书》可以引申出对违法建设工程造价作为罚款基数的判断问题。执法实践中,执法人员须依据《指导意见》第十二条规定,准确认定竣工结算价、已完工部分的施工合同价、委托有资质的造价咨询机构评估确定造价三者之一作为违法建设的工程造价。

竣工结算(如本案中当事人自制的《工程结算书》)是反映项目实际造价的技术经济文件,竣工结算价系该建设项目已完成竣工结算,施工单位按照合同约定的条款和结算方式,向建设单位结清双方往来款项金额。竣工结算价在竣工结算书中体现,在收集证据材料时,执法人员需辨别竣工结算书的合法有效性。

施工合同价是指在工程招标投标阶段通过签订总承包合同、建筑安装工程承包合同、设备材料采购合同,以及技术和咨询服务合同确定的价格。施工合同价是由建设单位和施工单位双方根据市场行情共同议定和认可的成交价格,但它并不等同于最终决算的实际工程造价。对已完工部分的施工合同价,若执法人员缺乏必要的工程测绘与造价评估能力,不能简单地用已建设完成面积占工程总面积的比值确定工程量,建议执法人员委托有资质的造价咨询机构评估确定。

(二)行政机关应当充分听取当事人的意见

《行政处罚法》(2017版)第三十一条、第三十二条对当事人享有的陈述、申辩、要求听证的权利予以明确。执法局要充分考虑当事人申辩材料中提及的事实、理由和证据,并予以复核。考虑当事人积极向执法局提供相关材料,能够证明该建设项目已取得市政府控制性详细规划修改批复,且规资局同意对现状予以认可,按程序完成行政处罚手续后,可补办相关规划手续,危害后果较轻,结合《行政处罚法》(2017版)第四条第二款"设定和实施行政处罚必须以事实为依据,与违法行为的事实、性质、情节以及社会危害程度相当"的规定,最终执法局作出按照法定最低幅度从轻处罚的决定。

五、法律条款

1.《城乡规划法》第四十条第一款 在城市、镇规划区内进行建筑物、构筑物、道路、管线和其他工程建设的,建设单位或者个人应当向城市、县人民政府城乡规划主管部门或者省、自治区、直辖市人民政府确定的镇人民政府申请办理建设工程规划许可证。

第六十四条　未取得建设工程规划许可证或者未按照建设工程规划许可证的规定进行建设的，由县级以上地方人民政府城乡规划主管部门责令停止建设；尚可采取改正措施消除对规划实施的影响的，限期改正，处建设工程造价百分之五以上百分之十以下的罚款；无法采取改正措施消除影响的，限期拆除，不能拆除的，没收实物或者违法收入，可以并处建设工程造价百分之十以下的罚款。

2.《行政处罚法》（2017版）第四条第二款　设定和实施行政处罚必须以事实为依据，与违法行为的事实、性质、情节以及社会危害程度相当。

第三十一条　行政机关在作出行政处罚决定之前，应当告知当事人作出行政处罚决定的事实、理由及依据，并告知当事人依法享有的权利。

第三十二条　当事人有权进行陈述和申辩。行政机关必须充分听取当事人的意见，对当事人提出的事实、理由和证据，应当进行复核；当事人提出的事实、理由或者证据成立的，行政机关应当采纳。

行政机关不得因当事人申辩而加重处罚。

3. 住房和城乡建设部《关于规范城乡规划行政处罚裁量权的指导意见》

第十二条　对违法建设行为处以罚款，应当以新建、扩建、改建的存在违反城乡规划事实的建筑物、构筑物单体造价作为罚款基数。

已经完成竣工结算的违法建设，应当以竣工结算价作为罚款基数；尚未完成竣工结算的违法建设，可以根据工程已完工部分的施工合同价确定罚款基数；未依法签订施工合同或者当事人提供的施工合同价明显低于市场价格的，处罚机关应当委托有资质的造价咨询机构评估确定。

案例 26　擅自将立面装饰改建为房屋案

一、案例要点

违法建设属于具有继续状态的违法行为,应该从其违法建设状态消除之日起计算追诉时间;违法建设的治理要探索建立并有效利用联合惩戒机制。

二、案情介绍

2017年9月份,某市某区城市管理综合行政执法局(以下简称执法局)执法人员巡查发现,某房地产有限公司(以下简称甲公司)在某路建设的××项目(以下简称A项目)4号商业楼二层楼有三处立面装饰被改造成三个独立小间。执法人员立即要求甲公司进行拆除,当事人承诺自拆却未拆。

2018年6月,上述4号楼由某房地产开发有限公司(以下简称乙公司)建设的××项目(以下简称B项目)的售楼部继续使用。执法局告知乙公司,售楼部楼顶建筑涉嫌违法建设,需配合处理。乙公司承诺一个月内自拆,复查发现,其已拆除内部装修,封闭通道,使其不具备利用条件。

2019年,该区进行了综合行政执法改革,新组建的执法局于当年12月发现上述三处违建重新被装修投入使用,遂立案调查。执法局立即按程序要求乙公司进行拆除。乙公司表示,该处违建产权是甲公司的,拒不拆除。

2021年1月18日,B项目申请规划核实手续办理。执法局以B项目售楼部有违建为由,不同意该项目通过规划核实手续,通过市场监管平台和信用江苏平台查询得知,甲公司和乙公司是同一个法定代表人注册。根据《××市违法建设联合监管实施办法》的文件精神,执法局分别与该区规资分局和该区房产局沟通协调,达成一致意见,采取联合惩戒措施,暂停其售楼买卖合同网上签约及规划核实手续以及新项目的规划许可手续。

乙公司于2021年2月4日,将上述售楼部楼顶三处违建拆除,案件办结。

三、案件分析

（一）违法建设查处的时效应当从违法建设状态消除之日起计算

本案违法建设行为发生于 2017 年 9 月前，至新执法局 2019 年 12 月正式立案调查，虽然已经过了二年，但新执法局对该案立案查处并不违反《行政处罚法》规定的二年追诉时效的规定。根据全国人大法工委的相关函复，违反规划许可、工程建设强制性标准进行建设、设计、施工，其行为有继续状态，应当自纠正违法行为之日起计算行政处罚追诉时效。违建类案件不以建成后二年追诉时效，而是应该从其违法建设状态消除之日起，计算追诉时间。

（二）违建行为应当及时发现及时处置

作为城管一线的执法人员，案件来源主要是自查和举报。自查要求执法人员善于发现，多动腿多动嘴，多看看多听听，做一个有心人，对辖区情况要了然于心。随着科技的发展，执法巡查手段要与时俱进。合理利用数字化城管系统和无人机大数据对比，及时发现违法行为，将违建扼杀在萌芽之中，减少经济损失，降低执法成本。

（三）查处违法建设应当多部门联动

城管部门对违法建设只有查处权，相关的行政许可权不在城管部门。查处违法建设时，城管部门要与政府相关部门沟通协调，为了获得有力证据，向有行政许可权的相关部门发函，请各有关部门共同对违建行为开展联合惩戒，让违法行为人服从管理，拆除违法建设。

四、案件启示

（一）加强巡查管理，及时高效处置违建案件

城市管理执法涉及城市生活中的方方面面，管理不易执法难，任重道远。管理不及时，会增加后期的执法难度。尤其是违建类案件，大多涉及当事人的经济利益、群众的生命财产安全。因此必须加强管理巡防，及时发现、及时处置。

（二）强化业务学习，提高执法人员办案能力

法律体系越来越完善，要钻研相关的法律法规，学习一些经典案例，丰富执法人员的业务知识，提升执法人员的业务水平，严格按照法定程序执法办案，充分固定证据，才能让违法当事人无空子可钻。

五、法律条款

《城乡规划法》第六十四条 未取得建设工程规划许可证或者未按照建设工程规划许可证的规定进行建设的，由县级以上地方人民政府城乡规划主管部门责令停止建设；尚可采取改正措施消除对规划实施的影响的，限期改正，处建设工程造价百分之五以上百分之十以下的罚款；无法采取改正措施消除影响的，限期拆除，不能拆除的，没收实物或者违法收入，可以并处建设工程造价百分之十以下的罚款。

案例 27　无建设工程规划许可证进行建设案

一、案例要点

违法建设行为主体以婚姻关系解除时间为分界点,确定婚姻关系存续期间发生的违法建设行为以原夫妻双方为共同行为人,婚姻关系解除后违法行为以实际建设者为行为人,确保违法主体认定正确,维护相对人的合法权利。

二、案情介绍

2018 年 11 月,某区综合行政执法局(以下简称执法局)接上级交办,对金某、陶某兰夫妻位于某区某街道某社区二组涉嫌违法建设的房屋进行立案查处。执法局调查认定,涉案的七处房屋形成时间分别为 2008 年 1 月、2008 年 7 月、2009 年 9 月、2010 年 4 月、2010 年 6 月、2015 年年初和 2015 年 10 月,面积合计为 1497.85 平方米,均为未取得规划许可证且不能采取改正措施消除影响的违法建设。执法局向金某、陶某兰依法告知拟作出的限期拆除处理决定后,金某提出其与陶某兰已于 2013 年协议离婚。对此,执法局审核了金某提供的《离婚证》等证据材料,并向相关部门核实后,最终认定:2013 年以前建成的五处房屋系金某、陶某兰于婚姻关系存续期间共同建设,面积合计为 965.48 平方米;2013 年以后建成的两处房屋系金某独自建设,面积合计为 532.37 平方米。执法局依据《城乡规划法》第四十条、第六十四条的规定,对上述 2013 年以前建成的面积合计 965.48 平方米的五处房屋向金某、陶某兰作出限期拆除决定,对上述 2013 年以后建成的面积合计 532.37 平方米的两处房屋向金某作出限期拆除决定。因金某、陶某兰在限期拆除履行期届满时仍未自行拆除相应违法建设,经执法局依法催告后,金某、陶某兰仍未履行拆除义务。依据《城乡规划法》第六十八条的规定,执法局分别依法作出行政强制执行决定。

金某、陶某兰先后就上述限期拆除决定和行政强制执行决定提起行政诉讼,一审判决维持执法局的限期拆除决定、行政强制执行决定。金某、陶某兰均提起上诉,二审法院作出维持一审法院的判决。为此,金某、陶某兰仍不服,向省高级人民法院提起了再审。省高级人民法院再审认定:执法局依法履行了相应的程序,对金某、陶某兰未取得建设工程规划许可证进行建设的行为作出限期拆除决定、行政强制执行决定并无不当,原审判决认定事实清楚、适用法律正确、审判程序合法，驳回了金某、陶某兰的再审申请。

三、案件分析

（一）准确认定违法时间，适用恰当的法律

该案涉及的房屋共有七处，金某在调查询问中反映的建房时间较早，多数在 2005 年左右，按照实体从旧、程序从新的原则，应当适用《城市规划法》进行处罚。而执法人员对照相应的航拍图后，发现金某所述情况与事实不符。为了取得的证据能形成闭环，确保案件适用法律正确，执法人员先后向 6 名证人进行了询问，采用证人证言互相印证并结合不同时期涉案地点航拍图的方式，确定了每处房屋的大致形成时间为 2008 年及其后，最终决定适用 2008 年 1 月 1 日生效的《城乡规划法》对上述违法建设进行处理。人民法院通过审理亦对此予以确认。

（二）准确认定违法建设行为人

在执法局第一次向金某、陶某兰送达《行政处罚告知书》后，金某提出其与妻子陶某兰已经于 2013 年协议离婚的申辩意见。执法局对金某提供的相关材料进行审核，结合前期对违法建设行为发生时间的调查，认为金某与陶某兰婚姻关系存续期间的五处房屋当事人为其二人，2015 年在婚姻关系解除后金某建设的两处房屋当事人为金某一人。

适格行政相对人的认定，是查明案件事实的重要内容。在本案中，体现为对涉案房屋主体系单独建设还是夫妻共同建设的基本事实的判断。在婚姻关系存续期间形成的违法建设，因建设房屋的资金通常出自夫妻共同财产，原夫妻双方对房屋存续与否均具有利害关系，均有权知晓对违法建设行为需要承担的法律责任及所享有的权利，故应当认定双方为共同行政相对人。但对于婚姻关系解除后形成的违法建设，应当根据案件证据材料进行判断，以房屋实际建设者或者实际占有、使用人作为行政相对人。因此，执法局在该案中对两批次违法建设行为人分别认定，最大限度地保护了金某、陶某兰的合法权益。

四、案件启示

该案判决中，人民法院指出，执法机关如果因为不能准确确定违法建设的时间就不对违法建设进行查处，不仅违背了《城乡规划法》的立法本意，还会导致城乡规划管理秩序的混乱。但是，这并不意味着执法机关不需要认定违法建设的时间，而是对执法机关提出更高的要求，对通过大量的调查取证仍不能确定建设时间的存量违建，要结合实际情况，如违法建设形成背景、结构和面积、建筑材料、航拍图、取得用地许可的时间等因素综合考量，做到多方取证、多向取证，以不同种类的证据互相佐证来认定违法事实，确定违

建设的大致时间，为准确适用法律奠定坚实基础，从而最大限度地保障行政行为的合法性。

五、法律条款

《城乡规划法》第四十条 在城市、镇规划区内进行建筑物、构筑物、道路、管线和其他工程建设的，建设单位或者个人应当向城市、县人民政府城乡规划主管部门或者省、自治区、直辖市人民政府确定的镇人民政府申请办理建设工程规划许可证。

申请办理建设工程规划许可证，应当提交使用土地的有关证明文件、建设工程设计方案等材料。需要建设单位编制修建性详细规划的建设项目，还应当提交修建性详细规划。对符合控制性详细规划和规划条件的，由城市、县人民政府城乡规划主管部门或者省、自治区、直辖市人民政府确定的镇人民政府核发建设工程规划许可证。

城市、县人民政府城乡规划主管部门或者省、自治区、直辖市人民政府确定的镇人民政府应当依法将经审定的修建性详细规划、建设工程设计方案的总平面图予以公布。

第六十四条 未取得建设工程规划许可证或者未按照建设工程规划许可证的规定进行建设的，由县级以上地方人民政府城乡规划主管部门责令停止建设；尚可采取改正措施消除对规划实施的影响的，限期改正，处建设工程造价百分之五以上百分之十以下的罚款；无法采取改正措施消除影响的，限期拆除，不能拆除的，没收实物或者违法收入，可以并处建设工程造价百分之十以下的罚款。

第六十八条 城乡规划主管部门作出责令停止建设或者限期拆除的决定后，当事人不停止建设或者逾期不拆除的，建设工程所在地县级以上地方人民政府可以责成有关部门采取查封施工现场、强制拆除等措施。

案例28　未按规划许可证建设案

一、案例要点

违法建设涉及多个主体时，要准确认定适格主体；地产企业不配合调查时，要多措并举；违建部分是拆除还是保留，既要依法依规，又要实事求是。

二、案情介绍

2019年4月，某市某区综合行政执法局（以下简称执法局）接到舆情处置信息，新闻媒体曝光了位于该区的某楼盘涉嫌违规拆改设备平台、虚假宣传销售的情况。立案后，执法局立即调配执法力量组成案件调查小组，跟踪处置舆情。

经调查，该楼盘中的12幢小高层住宅确存在拆改设备平台行为，具体表现为将房屋设备平台与储藏室之间的外墙及外墙窗拆除，然后将设备平台的外墙洞口全部安装铝合金窗，使原设计的设备平台与储藏室相贯通，形成一个独立空间，且开发商未向城乡规划主管部门提出过变更申请。该行为涉嫌未按照建设工程规划许可证的规定进行建设，违反了《城乡规划法》第四十三条第一款的规定。执法局经过重大案件集体讨论后，依据《城乡规划法》第六十四条的规定，对该楼盘开发商处以没收违法收入，并处建设工程造价百分之十的罚款，合计1000余万元。

三、案件分析

（一）出现多个涉嫌违法建设行为主体时，准确认定适格主体

开发商在接受执法局调查询问时提供了一份施工合同，合同甲乙双方分别为某购房人和该项目的施工总承包单位，施工合同内容即关于设备平台的改造事宜。开发商辩称，设备平台的拆改是购房人签订商品房预售合同后，自行与第三方签订施工合同，改造行为与其无关。改造行为的主体是购房人，执法局应该向购房人进行调查。

执法人员根据开发商提供的施工合同中记录的业主电话联系购房人，多次拨打均传来"您所拨打的号码是空号"。随后，执法人员又对合同乙方即该楼盘的施工总承包单位负责

人进行约谈调查，该单位负责人表示，其从未与该项目购房人签订过此类改造合同，合同也未加盖公司印章，初步判定应该为开发商制作的假合同。总承包单位还向执法人员提供了施工图纸、工程量清单等材料，经对比，均与规划核准图的楼层平面图一致，后续该单位还向执法局出具了一份盖有公司公章的按图施工承诺书。综合多项材料判断，无法证实该合同的真实性。

为了进一步佐证，执法人员抽取关于该楼盘的举报工单，与多位举报人联系，在确认举报人的业主身份后，询问其是否有签订过类似改造合同，均表示从未签订过改造合同或协议，同时业主们都表示，在当初看房时，开发商的样板间就是改造好的样子，销售人员也表示交付标准与样板间标准一致。从购房人口中记录相关线索后，执法人员更加确定，开发商就是拆改行为的责任主体。

在取得上述进展后，执法人员再次约谈开发商，对合同、样板房等疑点向开发商发问，开发商最终承认其希望通过伪造改造协议，将违建责任转嫁给业主，利用法不责众的心理，意图干扰执法机关的调查方向，逃避监管。

（二）地产企业不配合调查时，多渠道推进案件办理

在调查过程中，开发商采取了不见面、不提供、不承认等多种方式，不配合执法机关调查。经执法人员多次通知，负责人仍以没有得到公司领导批准、正在准备材料、公司开会各种理由搪塞执法人员。开发商还以公司用章审批流程长、材料不在项目在公司、资料员请假等理由迟延、拖延、拒绝提供关键材料。执法局从以下几个方面开展工作：

一是发函给建设单位，重申作为行政相对人应依法承担如实陈述、配合的义务，同时告知其依法享有的陈述、申辩等权利。

二是执法人员关注到该项目的二期叠拼别墅正在建设过程中，商请负责渣土准运审批的部门暂缓为该项目办理行政许可。

三是针对规划许可证、规划核准图、商品住房价格申报表等开发商拒绝提供的关键证据材料，执法人员商请主管部门调取。

经过上述工作，开发商最终转变态度，配合执法局调查，并对前期负责与执法局对接的负责人进行降职调岗处理。

（三）慎重确定违法改建部分的处置方式

在规划部门已作出"无法采取改正措施消除影响"的认定下，根据《城乡规划法》的规定，违法建设应当限期拆除，不能拆除的，没收实物或者违法收入，可以并处建设工程造价百分之十以下的罚款。对于本案违法建设是否拆除，主要考虑拆除中的安全隐患以及对无过错利害关系人（购房人）合法权益的损害，在房屋已取得安全鉴定意见的情况下，依据《关于规范城乡规划行政处罚裁量权的指导意见》第九条的规定，可认定为应当拆除而无法拆除的情形。该案的拆改部分，已由具有检测鉴定资质的单位出具《检测鉴定报告》，改造行为对房屋的整体性和结构安全不产生影响。

综合多项因素，第一，从法律的设定上来看，对于应该拆除而无法拆除的违法建设，可以依法予以没收违法收入，罚没的处罚形式符合法律要求。第二，对于像设备平台此类不可分割的部分，采取罚没的处理方式具有可行性，一方面能够化解购房人的担心，不损害无过错第三人的利益，另一方面，也能够通过处罚手段触动违法企业，承担与违法行为相适应的法律责任。因此重大行政案件审核委员会会审时一致同意，判定该案为应当拆除而无法拆除的情形，以罚没的形式对开发商进行处罚。

四、案件启示

（一）提高认识，违法主体要适格

被处罚主体适格与否直接关系案件的合法性。一旦认定不清或者认定错误，整个行政处罚就不具有合法性，不但会导致行政诉讼的败诉，还将影响行政执法的效率，增加执法成本，甚至损害国家行政执法的严肃性和公正性。在处理行政案件时，要全面地了解相关当事人的关系，调查取证翔实，掌握违法行为的来龙去脉，尤其是涉及多方面关系的行政案件，不能孤立地办理案件，要留心其中存在的委托关系。

（二）程序正当，证据材料要复核

该案例中当事人出于各种原因，会提供一些申辩材料来证明自己的观点。但是执法队员在审查申辩材料时，要全面理性地看待，从多方面去核实，查阅相关的法律法规，去伪存真地审定。一方面可以进一步说服当事人，另一方面可以确保执法的准确性、严肃性，做到执法规范化，确保执法公信力。

（三）部门联动，案件办理要高效

当事人消极对抗时，执法部门要主动靠前，通过部门联动的方式给违法主体形成高压态势，打消当事人的侥幸心理，高效及时处理案件，尽可能减少违法行为对社会的影响。

五、法律条款

《城乡规划法》第四十三条　建设单位应当按照规划条件进行建设；确需变更的，必须向城市、县人民政府城乡规划主管部门提出申请。变更内容不符合控制性详细规划的，城乡规划主管部门不得批准。城市、县人民政府城乡规划主管部门应当及时将依法变更后的规划条件通报同级土地主管部门并公示。

建设单位应当及时将依法变更后的规划条件报有关人民政府土地主管部门备案。

第六十四条 未取得建设工程规划许可证或者未按照建设工程规划许可证的规定进行建设的，由县级以上地方人民政府城乡规划主管部门责令停止建设；尚可采取改正措施消除对规划实施的影响的，限期改正，处建设工程造价百分之五以上百分之十以下的罚款；无法采取改正措施消除影响的，限期拆除，不能拆除的，没收实物或者违法收入，可以并处建设工程造价百分之十以下的罚款。